VEGETAIS

QUE NUTREM E PROMOVEM A VIDA

HILTON CLAUDINO

VEGETAIS

QUE NUTREM E PROMOVEM A VIDA

**Incluindo grãos, sementes, especiarias,
PANCs (Plantas Alimentícias Não Convencionais)
e leite de vegetais**

Dados Internacionais de Catalogação na Publicação (CIP)
Angélica Ilacqua CRB-8/7057

Claudino, Hilton
Vegetais que nutrem e promovem a vida : incluindo grãos, sementes, especiarias, PANCs (plantas alimentícias não convencionais) e leite de vegetais / Hilton Claudino. – 3. ed. – São Paulo: Paulinas, 2022.
328 p. (Coleção Aprendendo com a Narureza)

ISBN 978-65-5808-158-6

1. Alimentos vegetarianos 2. Alimentos – Aspectos da saúde 3. Hábitos alimentares 4. Nutrição – Aspectos fisiológicos I. Título II. Série

22-1500 CDD 641.35

Índice para catálogo sistemático:
1. Alimentos vegetarianos

3ª edição – 2022

Direção-geral: Flávia Reginatto
Editora responsável: Marina Mendonça
Copidesque: Ana Cecilia Mari
Revisão: Sandra Sinzato
Gerente de produção: Felício Calegaro Neto
Projeto gráfico: Jéssica Diniz Souza

Paulinas
Rua Dona Inácia Uchoa, 62
04110-020 – São Paulo – SP (Brasil)
Tel.: (11) 2125-3500
http://www.paulinas.com.br – editora@paulinas.com.br
Telemarketing e SAC: 0800-7010081

Advertência

Este livro contém conselhos e informações relacionados à saúde, fitoterapia e medicina natural. Ele foi elaborado para enriquecer seu conhecimento pessoal acerca de uma alimentação saudável, mas não pretende induzir à automedicação nem substituir a importância do diagnóstico e da orientação médica no tratamento de doenças.

SUMÁRIO

PANCs e Leite de Vegetais

INTRODUÇÃO

Muitos dos procedimentos utilizados na produção dos alimentos são totalmente contrários à manifestação da vida, pois resultam em produtos desvitalizados.

Atualmente, em sua grande maioria, eles são produzidos utilizando-se agrotóxicos e hormônios. Em alguns processos de preparação, ainda recebem substâncias químicas, como aromatizantes, conservantes, corantes, adoçantes, acidulantes, estabilizantes, entre outras. Além disso, muitos deles ainda passam por processos de refinamento, causando-lhes mais efeitos negativos.

É o tipo e a qualidade de alimento que você escolhe, mais a forma de preparo e de consumo, que determinam a forma que ele afetará o seu corpo físico, mental e espiritual. Os alimentos, quando vivos, apresentam diferentes padrões energéticos, os quais são assimilados justamente ao serem ingeridos.

Uma cenoura, beterraba, berinjela, abobrinha ou nabo murchos e flácidos; verduras esfaceladas ou amareladas pelo excesso de tempo guardadas; frutas passadas etc., são alguns exemplos de alimentos mortos, desvitalizados, sem nenhum valor energético, verdadeiros cadáveres vegetais. É da energia contida nos alimentos que o nosso corpo necessita, e essa energia é emanada das fontes mais preciosas, que são o ar, a terra, a água e o sol.

Quanto ao valor espiritual dos alimentos, aí se compreende a sua preparação, o modo de cultivo, a aceitação e o ato de comer. O alimento cultivado e preparado com amor e carinho, aceito com gratidão e consumido com pureza, certamente exerce poderes preventivos e até curativos, sendo um verdadeiro tônico para todo o corpo e a alma.

Outra verdade é que os alimentos atualmente estão mais pobres e desvitalizados, por conta do excesso de agrotóxicos, hormônios e conservantes utilizados em sua produção e preparo. Junte-se a isso o fato de serem cada vez mais industrializados, com o intuito de facilitar o dia a dia. Se compararmos os mesmos alimentos produzidos por volta de quarenta ou cinquenta anos atrás, o resultado chega a ser alarmante: os atuais alimentos causam desequilíbrios nutricionais, baixa imunidade, além de deixarem o nosso corpo propenso a processos inflamatórios, pois contêm no mínimo trinta vezes mais elementos pró-inflamatórios (que causam inflamações).

Muitas pessoas atualmente ingerem cada vez mais, e sem critério algum, farinhas refinadas, gorduras ruins, sal, açúcar, e produtos que os contêm. O resultado é visível: a obesidade atinge índices alarmantes, assim como o colesterol, a hipertensão, o diabetes, as doenças reumáticas, cardiovasculares etc. O organismo esgota suas reservas vitais de defesa e energia, resultando no surgimento de enfermidades alérgicas e degenerativas.

Mesmo assim, através de hábitos de alimentação e de estilo de vida saudáveis, é possível minimizar ou evitar esses problemas.

A alergia é um sintoma de defesa do corpo, que reage anormalmente, ou seja, não aceita uma substância externa, quando é incompatível com a sua natureza estrutural e energética. A degeneração do organismo dá-se em decorrência desses processos alérgicos, oriundos da batalha diária que o corpo estabelece em busca do equilíbrio para a continuidade da vida.

E, sabendo que tantas coisas nos fazem mal, por que continuamos a usá-las, consumi-las ou praticá-las? Veja o caso dos alimentos e hábitos de vida. Quantos deles sabemos que nos fazem mal, mas continuamos a fazer uso deles? Exemplos: o açúcar, os refrigerantes industrializados, as farinhas refinadas, as frituras, as comidas de tipo *fast-food* etc. A verdade é que as pessoas não percebem ou não sabem que muitas substâncias adicionadas a esses alimentos possuem propositadamente estruturas viciantes.

Saiba também que, mesmo que tenhamos alimentos saudáveis, devemos saber que as formas de preparo e os modos de ingerir causam enormes influências no resultado terapêutico final, quando se buscam saúde e bem-estar através da alimentação. Quer um exemplo? Alimentos preparados no sistema convencional *versus* aqueles preparados no sistema de cozimento a vapor.

Chamamos de "sistema convencional" os alimentos preparados sem critério algum. O calor exercido sobre os alimentos os leva à exaustão, e na maioria das vezes terminamos por ingerir alimentos pobres, sem nutrientes, completamente desvitalizados.

No sistema de cozimento a vapor (não confunda com cuscuzeira), os alimentos são cozidos com o calor da água, na temperatura correta, o que os mantêm vivos e vitalizados, preserva seu valor nutricional e até mesmo desperta algumas substâncias adormecidas.

A verdade é que o nosso organismo necessita mesmo dos macronutrientes (carboidratos, fibras, gorduras e proteínas) e também dos micronutrientes (sais minerais e vitaminas), presentes nos alimentos. Mas, antes de penetrarmos nesse mundo fantástico dos vegetais, é importante conhecermos um pouco da importância e das funções que eles exercem em nosso organismo. Até porque, ao analisarmos o funcionamento do corpo e a manutenção da vida nos organismos vivos, chegamos à triste conclusão de que o ser humano pouco sabe sobre os processos vitais do seu corpo.

Com certeza, isso possibilitará não só conhecê-los, mas também permitirá que, com consciência e de forma equilibrada, possamos buscá-los e introduzi-los em nossa alimentação do dia a dia. Como consequência, algumas enfermidades poderão ser prevenidas e combatidas, e poderemos desfrutar de saúde e vida longa. Mas não esqueça também que, dentro desse diapasão, está a NATUREZA, que é o meio fornecedor de tudo isso, e, quer queira, quer não, é uma verdadeira dádiva do CRIADOR. Então, temos mesmo que preservar a natureza e jamais destruí-la.

A seguir, falaremos um pouco desses macros e micro-nutrientes.

Carboidratos

São a fonte energética primária para os seres vivos. É através deles que nossas células obtêm energia para realizar suas funções metabólicas. São conhecidos dois tipos de car-boidratos: complexos e simples.

- *Carboidratos complexos:* esse tipo de carboidrato é dige-rido lentamente, o que faz aumentar o índice glicêmi-co. Sendo assim, o organismo passa a receber energia de forma lenta e constante, restringindo a possibilida-de de açúcares transformarem-se em gorduras. Além disso, auxiliam em processos de emagrecimento e na prática de atividades físicas. Compõem esse grupo o arroz, macarrão e trigo integrais (e não os refinados), grão de bico, batata-doce, batata-baroa ou mandio-quinha, mandioca, inhame, sementes, vegetais, frutas frescas com a casca etc.
- *Carboidratos simples:* rapidamente são absorvidos e digeridos. Nessa mesma proporção, aumentam a taxa de glicose no sangue, o que não é bom. Estão presen-tes em doces, massas, farinhas refinadas, arroz branco,

pão branco, macarrão, refrigerantes, biscoitos etc. Essa categoria de carboidratos deve ser evitada.

Fibras alimentares

São oriundas dos vegetais e indispensáveis para uma digestão perfeita, evitam prisão de ventre e constipação, desde que paralelamente se tenha um bom aporte de água. Ajudam no controle dos níveis de glicose no sangue, no emagrecimento e na prevenção de enfermidades cardiovasculares e alguns tipos de câncer.

As fibras não são absorvidas pelo nosso organismo, pois no sistema gastrointestinal não existe nenhuma enzima que possa quebrá-las. Dessa forma, elas chegam intactas ao intestino grosso. Nesse ambiente, sofrem fermentações, provocam alterações na velocidade do trânsito intestinal, alteram o pH do cólon, promovem o crescimento de bactérias (tem ação probiótica) e atuam em outras funções fisiológicas.

As fibras são classificadas em solúveis e insolúveis, e apresentam ações diferentes no organismo.

- *Fibras solúveis:* incluem a maior parte das pectinas, gomas, mucilagens e certas hemiceluloses. As maiores fontes são os legumes, aveia e frutas, particularmente as cítricas e a maçã. Em contato com a água, elas formam géis que aumentam a viscosidade dos alimentos parcialmente digeridos no estômago.
- *Fibras insolúveis:* incluem as celuloses, algumas pectinas, e grande parte das hemiceluloses e a lignina,

presentes nos derivados de grãos inteiros, como os farelos, e também nas verduras. Essas fibras permanecem intactas durante todo o trato gastrointestinal.

Gorduras ou lipídios

Para funcionar de forma perfeita e também ser saudável, o nosso organismo não necessita única e exclusivamente de carboidratos, vitaminas, sais minerais, fibras e proteínas. Ele precisa também das gorduras do bem, que têm funções específicas como, por exemplo, prevenir e combater as doenças cardíacas, produzir os ácidos graxos, transportar vitaminas pelo corpo e poupar as proteínas para que possam exercer funções essenciais do corpo.

A gordura é formada mediante a ingestão de nutrientes, e todo nutriente ingerido em excesso imediatamente se transforma em gordura. Quando no corpo não existe gordura ou carboidrato, ele irá usar a proteína para produzir energia. Isso causará redução da massa muscular magra do corpo.

Saiba também que até 4% da gordura do nosso corpo exerce função protetora contra traumas em órgãos vitais do corpo, como o baço, o cérebro, o coração, o fígado, a medula espinhal e os rins.

Proteínas

São constituídas por aminoácidos. Existem ao todo vinte e dois tipos de aminoácidos na natureza, sendo que catorze deles podem ser sintetizados pelo corpo humano através dos alimentos, e os oito restantes não podem ser sintetizados, sendo denominados de aminoácidos essenciais.

Para uma proteína se formar, é necessária a presença dos aminoácidos essenciais em quantidades adequadas. Dessa forma, essa proteína irá garantir a manutenção da saúde, do crescimento muscular e também da construção de diversos tecidos, tais como unha, pele, ligamentos, células nervosas, hormônios etc. Portanto, a construção e a manutenção do organismo humano dependem do fornecimento dessas proteínas.

Como o organismo não consegue sintetizar os aminoácidos essenciais, nós precisamos ingeri-los através dos alimentos, e as principais fontes são:

- *fontes completas*: carnes, peixes, ovos, trigo integral, nozes, gérmen de trigo, castanha-do-brasil, amendoim, iogurte natural, queijo.
- *fontes incompletas* (não contêm todos os aminoácidos essenciais): feijão, milho, lentilha, arroz integral, frutas e verduras.

Como cada alimento fornece um tipo de aminoácido diferente, precisamos ter uma dieta bastante diversificada. Por exemplo, quando comemos feijão e arroz, o feijão fornece a lisina e o arroz fornece a metionina, que são aminoácidos importantes na síntese proteica.

Sais minerais

Os sais minerais são substâncias inorgânicas essenciais e indispensáveis para diversas funções do nosso organismo.

Como nosso corpo não é capaz de produzi-los, eles devem ser ingeridos através de alimentos que os contenham.

O solo é uma fonte perfeita e completa de sais minerais, que é representado pelo mundo dos vegetais, sementes, verduras, frutas e a água. Se ingerirmos sais minerais em excesso através dessa alimentação, esse excesso será eliminado através das fezes e da urina. E quando, por motivos de deficiências alimentares, temos carência de sais minerais, torna-se necessária a reposição através de produtos específicos.

Os sais minerais no organismo humano têm a função de participar das mais diversas reações químicas. Portanto, uma alimentação rica em sais minerais é fundamental para manutenção da saúde.

Vitaminas

São compostos orgânicos essenciais, que praticamente não são produzidos pelo nosso organismo. Portanto, também é necessário sempre consumi-las através dos alimentos.

As vitaminas estão divididas em dois grupos: lipossolúveis, que só se "dissolvem" com a presença de gorduras ou lipídios; e hidrossolúveis, que são dissolvidas mediante a presença de água.

Quando se fala em vitaminas, uma coisa é certeza: temos que estar sempre atentos às vitaminas, pois, tanto o excesso como a carência podem causar sérios danos para a nossa saúde. As necessidades de vitaminas variam muito de uma pessoa para a outra, e, para um bom aporte de vitaminas, é necessário levar em consideração fatores como sexo, idade, estrutura física, trabalho desenvolvido etc. Um profissional da área de saúde certamente saberá detectar as possíveis carências e orientar a forma mais eficaz de supri-las.

Sobre a vitamina D, cabe um parêntese. Percebe-se que muitas pessoas apresentam carência dessa vitamina. No Brasil, pode-se dizer que isso é algo inadmissível, em virtude dessa vitamina necessitar apenas de sol para ser sintetizada. Teoricamente, sol não falta no Brasil durante o ano. Para a vitamina D ser sintetizada pelo nosso organismo, é necessário tomar banho de sol rotineiramente por cerca de 15 minutos, principalmente sobre braços e pernas, sem usar protetor solar, e para que ela seja ainda mais bem sintetizada, o ideal é banhar-se somente 7 a 8 horas depois de ter tomado o banho de sol. Basta isso para termos um bom aporte dessa vitamina.

Ainda com relação aos alimentos, o que muitas pessoas desconhecem é que os mesmos são classificados em quatro categorias. A seguir, você saberá o que cada categoria representa para a nossa vida.

- *Alimentos biorgânicos:* são aqueles geradores de vida e regeneradores do organismo. São nos alimentos germinados, ou seja, nos brotos provenientes de sementes e grãos, que encontramos a maior fonte de energia vital em alimentos, nos quais as macromoléculas são quebradas, propiciando melhor digestão e assimilação de nutrientes.

- *Alimentos bioativos:* são aqueles que ativam e mantêm a vida. Representados pelas hortaliças, ervas e plantas medicinais, cereais, frutas cruas e frescas, são os alimentos vivos que dão vitalidade e fortalecem a imunidade do nosso corpo. Exemplo: verduras cruas, frutas frescas, sementes e castanhas, mel, rapadura, ovo cozido (caipira), iogurte natural (caseiro), farinhas e grãos integrais, leite de vegetais, sal virgem (grosso) etc.
- *Alimentos bioestáticos:* são aqueles que diminuem a vida. Esses alimentos possuem pouca ou nenhuma vitalidade porque perderam a energia vital. São alimentos cozidos no sistema convencional em altas temperaturas, por adição de substâncias químicas, refrigerados, congelados, armazenados, que sofrem a ação do micro-ondas etc. A ingestão exagerada e constante desses alimentos acelera o envelhecimento e degenera o organismo. Exemplo: todos de origem animal, como carnes e leite.
- *Alimentos biocidas:* são aqueles que destroem a vida. No geral, são os alimentos inventados pelo homem e que perderam totalmente a energia vital nos processos físicos ou químicos de refinação, conservação e preparo. Eles envenenam as células do corpo com substâncias nocivas e, por isso, desenvolvem as típicas doenças da civilização: diabetes, arteriosclerose, câncer,

alergias, reumatismos, entre outras. Exemplo: açúcar e tudo que o contém, leite de origem animal, laticínios curados, ovo de granja, carnes vermelhas, carnes produzidas com aplicações de hormônios e antibióticos, refrigerantes, farinhas refinadas, cereais refinados, glúten, leite com chocolate, leite com açúcar, gorduras aquecidas, gorduras trans, sal refinado, álcool, tabaco, alimentos cultivados com produtos químicos etc.

Diante dessas categorias e do que cada uma representa, é lógico que a alimentação perfeita e mais completa para o corpo deve ser composta, em sua grande maioria, por alimentos *biorgânicos* e *bioativos*, pois são verdadeiramente vivos. Além disso, essas categorias de alimentos se desenvolvem retirando a energia vital da natureza e dos quatro elementos que a compõem: AR, ÁGUA, TERRA e FOGO.

- *Ar* (gás carbônico e oxigênio): reporta-se à mente – pensamentos, entendimento e conhecimento.
- *Água* (H_2O): está relacionada com a bioquímica, as emoções e os sentimentos.
- *Terra* (sais minerais): representa a estrutura do corpo físico e suas respectivas sensações.
- *Fogo* (sol): refere-se à energia e intuição, ao plano espiritual.

Enfim, ar, água, terra e fogo são fundamentais para a existência e o desenvolvimento da vida. Ao ingerirmos esses alimentos vivos, nos alimentamos da energia presente no meio natural. Tal interação dos organismos vivos promove, gera e mantém a vida. São eles que devem prevalecer em nosso corpo.

Para finalizar, falaremos de uma pesquisa concluída no final de 2017, realizada em vários países do mundo, inclusive no Brasil, sobre a real perspectiva de vida das crianças, abordando os hábitos de vida e a alimentação dos dias atuais.

Esses estudos foram desenvolvidos por profissionais ligados a essas áreas, por pais de crianças e educadores. Os resultados finais apresentaram um futuro nada agradável, pois, lá na frente, certamente essas crianças terão mais problemas relacionados à saúde do que os adultos de hoje.

Com relação à expectativa de vida, ela é muito alta, porém o preço pago para isso também será muito alto. Supõe-se que essas crianças não gozarão de tanta saúde na maturidade, e que será necessário viver sob o controle de medicamentos e isso comprometerá totalmente a sua qualidade de vida.

Em oito dos principais países do mundo, 33% dos familiares revelaram que seus filhos já sofrem com doenças crônicas, inclusive com aquelas que são consideradas de adulto, como diabetes tipo 2, obesidade, pressão alta, colesterol alto, reumatismo, e, por incrível que pareça nos dias de hoje, já tem gente infartando aos 20 anos de idade.

Tudo isso é mesmo assustador e preocupante. Perceba que esse lado perverso é difícil de combater, pois a própria mídia incute muitas coisas na mente das crianças, que são bombardeadas por todos os lados com os mais diversos tipos de informações, por vezes equivocadas ou incompletas.

Se, por um lado, existe um bombardeamento de informações, corretas ou não, por outro, é notório a falta delas. Existe uma linha tênue entre o excesso e a falta de informações, que, por diversas vezes, julgam-se corretas, e não o são. Podemos colocar ainda nessa seara a pouca preocupação dos pais, que, em tese, são os maiores responsáveis pelo bem-estar e qualidade de vida de seus filhos. E infelizmente, o que vemos é um quadro de má alimentação e sedentarismo exacerbados.

Má alimentação

É certo que uma dieta apropriada durante a gravidez e a amamentação fomenta hábitos saudáveis na criança. A partir daí, é só agregar frutas, verduras e legumes, ou seja, o mundo vegetal.

Mas há algumas ressalvas. Não esqueça que seus filhos se espelham nos pais. Se você não come frutas, verduras e legumes, como pode exigir que eles o façam? Lembre-se de que esses produtos são imprescindíveis para se obter saúde e vida longa.

Outro fato: se uma criança ficar por três a cinco anos comendo deficitariamente (sem frutas, verduras e legumes), seu organismo dificilmente aceitará esses alimentos depois desse período.

Sedentarismo

A própria OMS (Organização Mundial de Saúde) recomenda que crianças não devem ficar mais de 2 horas por dia diante da tela, seja do computador, TV, tablet, celular.

Intensificar o convívio familiar, praticar esportes, caminhar, brincar ao ar livre, ter mais contato com a natureza, não ficar por muito tempo sentado ou deitado, exceto se estiver dormindo, são atitudes que verdadeiramente devem ser estimuladas e adotadas.

Enfim, este estudo é um alerta a todos os pais, mães e responsáveis pela guarda de crianças. Com estas e outras mudanças sugeridas, sempre acompanhadas de bom senso e responsabilidade, poderemos contribuir para uma melhor qualidade de vida e preservação da nossa espécie.

Com carinho,

Hilton Claudino

VEGETAIS, SEMENTES, ESPECIARIAS

ABÓBORA

(Cucurbita moschata)

Sinônimo: jerimum.

Dentre as diversas variedades existentes, suas propriedades são bem semelhantes, diferenciando-se apenas no formato. Todas as variedades são ricas em fibras com bioflavonoides, que bloqueiam os receptores de hormônios estimulantes do câncer e fitoesteróis, que são transformados em vitamina D no organismo e estimulam a diferenciação celular. Os fitoesteróis também atuam normalizando o colesterol.

Seu consumo diário é indicado para combater varizes, hemorroidas, artrite, diabetes e arteriosclerose.

Vitaminas: A, B1, B2, B5 e C.

Sais minerais: ferro, fósforo, cálcio, magnésio, potássio, silício.

Possui também ômega 3 e carotenoide luteína, que é indispensável para a saúde dos olhos.

A melhor forma de preparar a abóbora é no sistema de cozimento a vapor, em que ela é cozida sem adição de água, para preservar todo o seu valor nutricional e as propriedades medicinais.

Comer abóbora com milho e feijão torna-se uma alimentação nobre, inclusive esta era a base da alimentação dos incas, maias e astecas.

As sementes de abóbora contêm:

- Mineral ferro: contribui para a construção do sangue e aumento de energia.
- Mineral magnésio: é um relaxante natural, benéfico à saúde do coração. Quem possui um bom aporte desse mineral no sangue tem 40% menos chances de sofrer uma morte prematura. Está ligado a mais de trezentos processos do metabolismo.
- Mineral zinco: participa da formação de testosterona e do esperma. Melhora a fertilidade masculina, atua evitando inflamações e doenças da próstata, além de proteger o sistema urinário.
- Ômega 3: proporciona efeitos anti-inflamatórios, sem causar nenhum efeito colateral. As sementes agem na prevenção do câncer por serem ricas em antioxidantes que protegem as células do organismo. Combatem doenças cardiovasculares, por terem gorduras boas para o coração e que facilitam a circulação sanguínea.
- Triptofano: as sementes são ricas em triptofano, um aminoácido que é o precursor da serotonina, o hormônio da alegria e do bem-estar, e que também ajuda a promover uma noite de sono tranquilo.

- Proteínas: possuem altos níveis de proteínas que são de fácil digestão.
- Fibras: as cascas que envolvem as sementes são excelentes fontes de fibras.
- Fitoesterol: é uma substância encontrada em alimentos de origem vegetal. Age na prevenção de doenças cardiovasculares, é eficaz para reduzir níveis de colesterol ruim (LDL) no sangue e evita entupimento dos vasos sanguíneos.

Essas sementes também protegem as funções cerebrais, evitam a oxidação do cérebro e estão ligadas à prevenção de processos depressivos.

São ricas em zinco, que participa da formação do hormônio testosterona e do esperma. Melhora a fertilidade masculina.

As sementes de abóbora protegem o sistema urinário. Atuam evitando inflamações e doenças da próstata, especialmente em situações de hipertrofia benigna da próstata (HBP), ou seja, o aumento natural do seu tamanho, que acarreta alterações urinárias. Esta condição é mais frequente em homens com mais de 50 anos de idade. Convém salientar que uma das razões para esse aumento é o excesso de estimulação das células da próstata pelo hormônio testosterona. Pois bem, o óleo contido nessas sementes impede a multiplicação dessas células.

Modo de preparo e consumo: deixar secar sob a luz do sol. Depois de secas, remover os fiapos.

Não é aconselhável secá-las ao forno, pois esse calor intenso e sem controle pode oxidar as gorduras poli-insaturadas que compõem a maior parte do seu perfil lipídico, pois essas gorduras são muito sensíveis.

Perceba também que, ao adquirir essas sementes no comércio, não há como você saber de que forma elas foram secas.

Aconselha-se consumir diariamente até uma colher (sopa) em forma de salada, com cereais, sucos, vitaminas ou iogurte.

Você pode comer sementes de abóbora com ou sem a casca; com a casca elas são ricas em fibras.

Em sucos, vitaminas ou com iogurte jamais adicione açúcar; o mel pode ser usado, desde que não sofra de diabetes.

Indicações terapêuticas

Antivermes

Ferver em fogo baixo uma colher (sopa) de sementes secas de abóbora em 150 ml de água, por 15 minutos. Beber esse chá pela manhã em total jejum, por 20 dias.

Erisipela

Esmagar bem folhas e flores (frescas) e aplicar sobre as partes afetadas. Deixar agir por 20 a 30 minutos. Pode-se fazer de duas a três aplicações durante o dia, sempre em espaços regulares.

Otite

Esquentar levemente flores (frescas) e aplicá-las 2 a 3 vezes, durante o dia, no ouvido. Deixe agir por 15 minutos.

Colesterol alto

Bater bem, no liquidificador, 150 gramas da polpa de abóbora, do tipo comprida ou de pescoço – não pode ser gelada –, com um copo de água. Depois coar e ingerir pela manhã em total jejum. Alimentar-se 10 a 15 minutos depois. Pode-se ingerir o preparo por 20 a 30 dias.

Tênia, oxiúros e outros parasitas intestinais

Mastigar bem e ingerir uma colher (sopa) das sementes secas de abóbora uma vez ao dia. Proceda assim por 15 dias.

Memória fraca e esquecimento

As sementes (germe) de abóboras secas (ao sol) são consideradas uma das três maiores e melhores fontes de fitonutrientes para a memória. Pode-se comer uma colher (sopa) por dia. Adicionar as sementes a sucos, vitaminas, iogurte etc., desde que nestas preparações não haja açúcar. Se quiser, pode também mastigá-las bem antes de ingerir.

Colite e uretrite

Bater bem, no liquidificador, 50 g das sementes de abóbora naturais (não secas) e 100 ml de água. Guardar o conteúdo em recipiente de vidro e deixar sob refrigeração. Tomar uma colher (sopa) 3 a 4 vezes durante o dia.

Metrorragia (hemorragia uterina em intervalos irregulares e que ocorre fora da menstruação)

Usam-se seus pedúnculos (pé da flor ou do fruto). Preparar chá sob a forma de decocção dos pedúnculos triturados. Ingerir três xícaras (chá) durante o dia, sem adoçar.

Asma

Bater bem, no liquidificador, 50 g de sementes de abóbora secas ao sol, duas colheres (sopa) de mel, 25 gotas de extrato de própolis e 200 ml de água. Depois de pronto, guardar dentro de um recipiente de vidro. Adultos: consumir uma colher (chá) 5 a 8 vezes durante o dia, sempre em espaços regulares; crianças a partir de dois anos de idade, consumir uma colher (café) 2 a 3 vezes durante o dia, sempre em espaços regulares.

Pneumonia

Usam-se seus pecíolos (parte da folha que prende o limbo ao tronco e aos ramos). Utilizá-los levemente fritos com azeite de oliva e aplicar sob a forma de cataplasma sobre o tórax. Deixar agir por 45 minutos. Faça 3 (três) aplicações durante o dia.

ABOBRINHA

(Cucurbita pepo)

Popularmente, a abobrinha é considerada um vegetal, porém, pela botânica, é classificada como uma fruta, pertencente à família da melancia e do melão.

Os tipos mais conhecidos no Brasil são: a brasileira e a italiana – ambas possuem tonalidade verde.

A abobrinha é um alimento de fácil digestão e todas as suas partes, como a casca, polpa, sementes e flores, são aproveitáveis. A melhor maneira de prepará-la é no sistema de cozimento a vapor, modo com o qual todo o seu valor nutricional é mantido. Para cozinhá-la nesse sistema, não é necessário colocar água, pois ela já tem água suficiente.

Sais minerais: cálcio, magnésio, manganês, ferro, fósforo, potássio e sódio.

Vitaminas: A, B3-niacina, B6-piridoxina e C.

A abobrinha contém pequenas quantidades de proteínas e um bom aporte de fibras presentes na casca, que favorecem a redução da prisão de ventre e protegem contra o câncer de cólon.

Contém pectina, uma fibra solúvel ótima para os diabéticos e que também age na prevenção.

A abobrinha contém os carotenoides luteína e zeaxantina, que agem protegendo os olhos, incluindo a degeneração macular e a catarata, enfermidades ligadas ao envelhecimento.

O seu consumo, principalmente no sistema a vapor, é indicado contra escorbuto (carência de vitamina C), esclerose múltipla e contra o surgimento de hematomas (manchas arroxeadas que surgem no corpo). Preservando a mesma forma de preparo, é um bom alimento para quem teve AVC (acidente vascular cerebral). Seu alto índice de potássio favorece o controle da pressão arterial.

Valor calórico: 100 g contêm 36 calorias.

Higienização, conservação e durabilidade: lavá-las em água corrente e mantê-las sob refrigeração. Nestas condições duram 3 dias.

ACELGA

(Beta vulgaris)

Levemente cozida no vapor esta hortaliça proporciona benefícios que nós nem podemos imaginar: o calor exercido pela água desse sistema faz vir à tona substâncias que não são ingeridas quando consumida crua.

A acelga é alcalinizante. Possui carboidratos, fibras, proteínas, carotenoides, flavonoides e é uma poderosa antioxidante.

Sais minerais: cálcio, cobre, ferro, fósforo, magnésio, manganês, potássio, sódio e zinco.

Vitaminas: A, B1, B2, B5, B6, B7, C, E e K.

É indicada para quem faz regimes de emagrecimento e para as mulheres durante a menstruação, pois repõe rapidamente todo o ferro perdido.

Suas fibras são de grande valia para melhorar as funções intestinais.

Ingerir 100 g de acelga preparada no vapor supre as necessidades diárias de vitamina A e 50% da vitamina C.

Estudos recentes identificaram mais de treze antioxidantes distintos nesta hortaliça de origem polifenóis, mais de dez de origem betaxantinas e outros de origem dos flavonoides. Foi também identificado o ácido siríngico, que exerce controle nos níveis de açúcar no sangue e protege contra os danos causados pelo alumínio. E aqui vai uma dica: se você utiliza antitranspirante ou outros produtos que têm alumínio, consuma constantemente acelga, principalmente refogada no vapor.

Os antioxidantes da acelga também agem na prevenção do câncer, na proteção do cérebro, nos problemas da pele, nas enfermidades de origem neurodegenerativas, na proteção dos olhos, além de beneficiar todo o sistema cardiovascular.

O consumo da acelga não deve ser exagerado, pois ela contém uma substância (oxalato) que retarda ou bloqueia a absorção de cálcio no organismo. A melhor forma de prepará-la é no sistema de cozimento a vapor, método que praticamente elimina essa substância, e assim é possível comer acelga sem nenhum temor.

Valor calórico: 100 g contêm aproximadamente 21 calorias.

Indicações terapêuticas

Cálculos biliares

Misturar acelga e agrião em partes iguais, fazer um suco, coar e ingerir um copo por dia, em jejum.

Prisão de ventre

Preparar meio copo de suco de acelga, adicionar uma colher (sobremesa) de azeite extravirgem de oliva. Ingerir esse suco 1 a 2 vezes durante o dia.

Hemorroidas, feridas, úlceras, contusões, furúnculos, tumores e queimaduras

Aplicar as folhas sob a forma de cataplasma nos locais afetados (uso externo), 2 a 3 vezes ao dia. Deixar agir por 20 a 30 minutos. Melhor resultado pode ser obtido se as folhas forem aquecidas no cozimento a vapor (colocar as folhas dentro da parte perfurada do aparelho de cozimento a vapor). Em caso de hemorroidas, pode-se beber um copo do suco diariamente.

Colite, cólicas hepáticas (funções do fígado) e renais, colecistite (inflamação da vesícula biliar)

Ingerir meio copo de suco de acelga, misturado a meio copo de suco de agrião, 1 vez ao dia, em jejum.

Câncer de mama

Os flavonoides presentes na acelga inibem o desenvolvimento e crescimento dessas células. Pode-se comer uma a duas porções diariamente, preferencialmente cozidas no vapor. Coma também diariamente de 3 a 5 unidades de nozes.

AÇAFRÃO-DA-TERRA/ CÚRCUMA/CURRY

(Curcuma longa)

Sais minerais: potássio, ferro, manganês, cálcio, magnésio, proteínas, gorduras e fibras.

Vitaminas: C, B6.

O seu grande valor está na substância curcumina, que é um polifenol muito poderoso, com ação anti-inflamatória e antioxidante.

A curcumina contribui para o combate ao câncer de próstata, mama, melanoma, pâncreas, diminui o risco de leucemia e mieloma múltiplo, assim como a ocorrência de metástases em diversos tumores. Desintoxica o fígado, é benéfica para o coração, ajuda no controle do diabetes, neutraliza radicais livres, reduz a inflamação da artrite, tem ação analgésica, antisséptica e antibacteriana. Age no metabolismo das gorduras, auxiliando na perda de peso; ajuda na acne, na psoríase e em outras doenças de pele, e acelera a cicatrização. É utilizada contra a doença de Parkinson, esclerose múltipla; previne e evita a progressão da doença de Alzheimer; combate a depressão, acaba com a tristeza e é também indicada contra a ansiedade.

A curcumina é o principal agente farmacológico no açafrão. Em numerosos estudos, os efeitos anti-inflamatórios da curcumina são comparáveis aos da hidrocortisona, diclofenaco e fenilbutazona (drogas anti-inflamatórias potentes). Ao contrário desses medicamentos, que estão associados a efeitos colaterais significativos, formação de úlcera, diminuição do número de células brancas no sangue, perfuração da mucosa do intestino, a curcumina não produz nenhuma toxicidade.

Consumo: uma colher (chá) diariamente.

Caso compre a raiz inteira, utilizar uma ou duas rodelas por dia. Se for ingerir o pó de açafrão, a orientação é uma colher (chá), cerca de 5 g, diariamente, caso exista algum problema de saúde. Pessoas saudáveis podem usar o quanto considerarem mais conveniente, o importante é que haja regularidade, que o açafrão-da-terra faça parte da rotina alimentar.

Mulheres grávidas não devem consumir açafrão.

Indicações terapêuticas

Dores no peito, icterícia, flatulência, hemorragias, cólicas, problemas menstruais, dor nos dentes, contusões

É um poderosíssimo anti-inflamatório que não causa efeitos colaterais, para isso, consumir uma colher (chá) diariamente.

Inflamações no intestino, como a colite ulcerativa, doença de Crohn, artrite, fibrose cística, derrame, colesterol alto, câncer

Consumir uma colher (chá) diariamente.

Alzheimer

Ingerir uma colher (chá) diariamente de açafrão.

Óleo de coco extravirgem com teor de acidez abaixo de 0,5%. Ingerir uma colher (sopa) diariamente.

Argila verde: prepará-la utilizando suco de batata-inglesa, aplicar a pasta em toda a cabeça, como se fosse um capacete. Deixar agir por 45 minutos. Fazer uma aplicação diariamente.

Afastar-se imediatamente do consumo de açúcar e de tudo que o contenha; do leite de origem animal – substituir por leite de origem vegetal; e das farinhas refinadas.

Seja persistente, não desista nunca.

AGRIÃO

(Narturtium officinale)

Você já não devia deixar de tê-lo em sua dieta, imagine agora depois de saber de todos os seus benefícios.

Sais minerais: enxofre, potássio, cálcio, magnésio, manganês, ferro, fósforo, iodo, cloro e sódio.

Vitaminas: A, B1-tiamina, B2-riboflavina, B6-piridoxina, C e E.

Devido a sua riqueza em iodo, recomenda-se comê-lo constantemente em forma de salada, contra os problemas da tireoide, pois esse mineral participa da formação de dois hormônios da glândula tireoide (tiroxina e triiodotironina).

O agrião é levemente diurético e digestivo. Por ser rico em antibióticos, combate problemas ligados ao sistema respiratório, inclusive evita a falta de ar. É ótimo contra asma, bronquite, tuberculose, raquitismo. Contribui para termos ossos saudáveis, controla a pressão arterial. Para esses casos, pode-se também consumi-lo em forma de salada ou de suco, adoçado com mel (desde que não sofra de diabetes). Adultos podem ingerir um copo por dia e crianças meio copo.

Outros benefícios: baixa a taxa de glicose no sangue, o que o credencia como um ótimo alimento para os diabéticos. Tonifica os rins, evita os cálculos renais (pedras nos rins) e as cistites. Seu consumo constante combate os efeitos nocivos do álcool e da nicotina. É um dos antídotos do ácido úrico, portanto não o coloque na sua dieta somente quando já estiver com excesso de ácido úrico; faça-o antes.

Quando for consumi-lo, não despreze seus talos, pois nutricionalmente eles são mais completos.

Indicações terapêuticas

Asma

Ingerir pela manhã, em jejum, o suco de agrião; se quiser pode adoçar com mel. Crianças: uma xícara (cafezinho). Adultos: meio copo.

Ácido úrico

Consumir constantemente em forma de salada ou beber um copo do seu suco durante o dia. O ideal é preparar o suco no momento que for ingerir.

Eczemas

Aquecer um punhado de agrião levemente na panela de cozimento a vapor. Ele deve ser aquecido somente no momento em que for comer, e esse aquecimento deve levar em torno de 3 minutos. Comer uma porção 3 vezes durante o dia. Faça isso, e no prazo máximo de 6 meses você obterá a cura.

Para evitar os efeitos nocivos da radioterapia

Pessoas que fazem radioterapia devem consumir o agrião enquanto perdurar o tratamento, todos os dias indistintamente. O agrião protege os tecidos saudáveis durante o tratamento radioterápico. Para tanto, ingerir de uma a duas porções diariamente. Se quiser, pode-se aquecê-lo levemente no vapor ou comê-lo cru, em forma de salada, temperado com azeite extravirgem de oliva; não coloque sal. Esse benefício é atribuído a uma combinação entre os minerais enxofre e outros que o compõem.

Restaurar níveis de energia, dar mais disposição para praticantes de atividades físicas, limpar os neurônios

O agrião possui nutrientes capazes de proporcionar mais disposição e permitir que praticantes de atividades físicas consigam executá-las por mais tempo e sintam-se menos exaustos.

Quando se exige demais do corpo através de exercícios pesados, por longo tempo, pode-se aumentar o número de radicais livres circulando em nosso sangue. Também quando se trabalha usando bastante o cérebro, pode ocorrer de toxinas ou de uma proteína produzida pelo corpo chamada TAU se alojar nos neurônios, impedindo o seu desempenho ou causando processos inflamatórios. Pois bem, o consumo de uma pequena porção de agrião diariamente é suficiente para elevar os antioxidantes no sangue, que combatem esses radicais livres, além de proteger o corpo e o cérebro.

Tanto agrião quanto azeite extravirgem de oliva com acidez abaixo de 0,5%, quando consumidos por 6 meses, limpam os neurônios e evitam processos inflamatórios na região cerebral.

AGRIÃO ROXO

(Sisybrium Nasturtium Aquaticum)

Essa é a maior virtude desse tipo de agrião. Seu consumo constante pode eliminar as lesões cutâneas e normalizar a tonalidade da pele. Comê-lo por inteiro (inclusive os talos) frequentemente, 10 minutos antes do almoço e do jantar, sempre em forma de salada. Outra opção é o suco, preparado com 100 g da planta (por inteiro) e um copo de água. Bater bem no liquidificador e ingerir sem coar. Não adoçar em hipótese alguma. Faça isso e você terá surpresas agradáveis.

Indicações terapêuticas

Vitiligo

No tratamento do vitiligo, aplique também óleo de coco extravirgem com teor de acidez abaixo de 0,5% sobre as lesões. Esse tipo de óleo de coco possui grande teor de gordura e ácidos. Esses compostos hidratam, nutrem e revitalizam a pele.

Modo de preparo e aplicação: aplicar o óleo por 2 a 3 vezes ao dia, e, antes de cada aplicação, higienizar sempre o local. Antes de cada refeição, ingerir uma colher (sobremesa ou sopa) desse tipo de óleo de coco.

O agrião roxo é também indicado para quem tem hipotireoidismo.

Caso tenha dificuldade em encontrar o agrião roxo, adquira suas sementes e cultive-o em casa.

ALCACHOFRA

(Cynara scolymus)

Ela pode crescer até um metro de altura; é no interior do botão que está a parte utilizada para o consumo dessa flor de tonalidade roxa.

O Ministério da Agricultura dos EUA classifica a alcachofra como o sétimo alimento com maior poder oxidativo dentre os vinte principais.

A alcachofra possui fibras, ingerir 100 g diariamente garante 15% das necessidades de um dia. As fibras são de suma importância para as funções intestinais, inclusive combatem a prisão de ventre, a constipação, diminuem os níveis do colesterol ruim (LDL), além de evitar riscos de câncer de cólon.

Sais minerais: ferro, fósforo, iodo, silício, potássio, cálcio, magnésio, manganês, zinco, cobre e sódio.

O iodo nela contido estimula o metabolismo, principalmente das glândulas endócrinas. O manganês produz as enzimas antioxidantes. O cobre e o ferro são essenciais para a formação de células vermelhas do sangue. O fósforo é essencial para a saúde das células do cérebro. Pessoas com carência de fósforo apresentam declínio na capacidade cognitiva.

Na sua flor encontramos as vitaminas A, C, E, D, K, B1-tiamina, B2-riboflavina, B3-niacina, B5-ácido pantotênico, B6-piridoxina, B9-ácido fólico, B12-cobalamina. Em 100 g de alcachofra há 20% da vitamina C que necessitamos por um dia.

Nas folhas encontram-se os seguintes componentes químicos: ácido clorogênico, ácido cafélico, cinarina, mucilagens, taninos, ácidos orgânicos, glicosídeos, polifenois e flavonoides como silimarina.

O fitoquímico cinarina ajuda a produzir a bile, que favorece a digestão e estimula o apetite.

O flavonoide silimarina, que também é encontrado na planta cardo mariano, age protegendo o fígado, prevenindo as enfermidades cardíacas e impedindo que o colesterol ruim (LDL) aumente.

Outros benefícios: desintoxica o fígado e a vesícula biliar, remove impurezas do sangue, reforça o sistema imunológico, protege contra derrame e ataque cardíaco, diabetes, elimina a ressaca e estimula o sistema urinário.

Ela deve ser preparada com pouca água. Melhor ainda quando preparamos no cozimento a vapor, pois é cozida sem adição de água, o que faz com que não perca seus princípios ativos.

Indicações terapêuticas

Anemia, pedras nos rins e na vesícula

Preparar a alcachofra no sistema de cozimento a vapor por 5 a 8 minutos. Consumir 2 vezes ao dia.

Diabetes

Cozinhá-la no sistema a vapor e temperar com suco de limão. Consumir 2 vezes ao dia.

Debilidade cardíaca

Comer a alcachofra crua, temperada com o vinagre natural de fruta – maçã ou limão –, sempre em forma de salada. Comê-la preparada no cozimento a vapor.

Hemorroidas, uretrite, prostatite (inflamação da próstata), cirrose, cálculos biliares e vesícula

Preparar o suco da alcachofra misturado com o suco de cenoura e de limão. Tomar um copo 3 vezes ao dia.

Ressaca

Mastigar algumas folhas de alcachofra acaba com os efeitos do consumo em excesso de álcool no fígado, uma vez que ela reduz os níveis de toxinas no sangue.

Psoríase

Ferver uma colher (sopa) de suas folhas em uma xícara (chá) de água. Tampar, deixar amornar e coar. Tomar três xícaras ao dia. Paralelamente, fazer um chá com o dobro das folhas e banhar o local afetado, ou aplicar argila verde, preparando a pasta com esse chá.

Asma

Ingerir o suco de alcachofra com uma colher (chá) de azeite de oliva. Tomar 1 a 2 vezes ao dia.

ALECRIM

(Rosmarinus officinalis)

Desde os primórdios da humanidade, o alecrim é utilizado como tempero e para fins medicinais. Essa planta nativa da região mediterrânea é vista também como símbolo de amor, felicidade e longevidade. A flor do alecrim está ligada à coragem e fidelidade, e significa bom ânimo, confiança e espiritualidade. As suas flores transmitem um sentido de bem-estar e, por esse motivo, estão muitas vezes presente em reuniões familiares. Até os dias de hoje, em cerimônias matrimoniais, é comum ver a noiva usar uma coroa de alecrim e os convidados receberem um ramo da planta como símbolo de amor e fidelidade.

Sais minerais: cálcio, magnésio, potássio, ferro, fósforo, zinco.

Vitaminas: A, C, B2-riboflavina e B6-piridoxina.

Contém fibras, pectina, polifenóis e saponinas.

É na resina perfumada que residem suas virtudes medicinais. Suas folhas contêm de 1% a 2,5% de óleo essencial, composto por 15% a 25% de cânfora. Possui uma combinação de antibióticos, cânfora e outras substâncias que tonificam o fígado, aumentado a produção da bílis.

Na saúde age como estimulante da menstruação, combate a gota e o reumatismo. É utilizado para melhorar os sistemas imunológico e circulatório, aliviar dores musculares, além de beneficiar a memória, estimular a digestão e o apetite. É eupéptico (facilita a digestão), antisséptico, sudorífico (promove a transpiração), vulnerário (cura feridas), balsâmico, antirreumático, calmante, estomáquico, cardiotônico, além de estimular o crescimento dos cabelos.

O alecrim é também indicado para combater sintomas de depressão, estados de ansiedade, recuperando o entusiasmo, o ânimo.

O alecrim é contraindicado para gestantes, pessoas com diarreia ou com problemas na próstata. Quando utilizada em doses elevadas ou por muito tempo, pode provocar gastroenterite ou nefrite. O uso em excesso pode causar irritações na pele e intoxicações. O uso à noite pode causar perturbações ao sono ou sonolência.

Indicações terapêuticas

Debilidade do coração e estômago, afecções hepáticas, intestinais e renais, afecções das vias respiratórias (tosses, bronquites, asma, coqueluche etc.), cólicas menstruais (dismenorreia), diabetes, urina presa

---

Preparar o chá sob a forma de infusão. Despejar uma xícara de água fervente sobre uma colher (chá) do alecrim, tampar o recipiente por 15 minutos, coar e beber de duas a três xícaras (chá) durante o dia.

Reumatismos, feridas, úlceras

Preparar um chá sob a forma de decocção. Utilizar uma colher (sopa) para um litro de água. Aplicar nos locais afetados ou em banhos no corpo inteiro.

Feridas e úlceras externas

Reduzir folhas secas a pó e aplicar sobre as feridas para ativar a cicatrização.

Crises de asma

O cigarro das folhas de alecrim, quando usado periodicamente, diminui e combate as crises de asma. Como preparar: pegar um punhado de folhas secas e amassá-las até virarem pó, enrolar um pouco em um papel fino e fumar como cigarro (não cria dependência).

Problemas nos rins

Colocar 30 g de folhas em um litro de vinho tinto (sem álcool). Deixar macerar por no mínimo 24 horas. Tomar um cálice após as principais refeições

Afugentar insetos

Colocar seus ramos dentro de armários.

Queda de cabelos

Misturar bem tintura de alecrim com igual quantidade de água mineral. Faça duas a três aplicações semanais até o problema ser sanado. O resultado não é muito rápido.

Inchaço das pernas, mãos, braços (também devido a contusões), e nas doenças reumáticas

Ferver um litro de água com duas a três colheres (sopa) de alecrim, em seguida despejar em uma banheira com água quente, misturar bem, adentrar na banheira e permanecer até a água começar a esfriar. Podem-se fazer quantos banhos quiser.

Depressão, falta de entusiasmo

Alecrim significa alegria. Usar o alecrim em forma de floral, de chá ou com o vinagre natural de maçã. Com o vinagre, introduza uma colher (sopa) da planta dentro de uma garrafa de 500 ml de vinagre. Deixar em descanso por 5 dias. Pode-se ingerir uma colher (sopa) 2 vezes, durante o dia, diluída em dois a três dedos de água. Se não sofrer de diabetes, pode-se adoçar com mel; açúcar jamais.

Estresse, fadiga, cansaço mental, aumento da capacidade de aprendizado

Colocar, dentro de uma garrafa de vidro, um litro de vinagre natural de maçã (Hiltonfito), uma colher (sopa) de alecrim seco, uma colher (sopa) de sálvia seca, três colheres (sopa) de mel. Agitar bem até que fique uma mistura uniforme. Todos os dias agitar um pouco. Deixar em descanso por 10 dias, longe da luz e de circulação de ar. Para consumir, diluir uma colher (sopa) em dois a três dedos de água, e beber por 2 a 3 vezes durante o dia. O alecrim estimula as atividades orgânicas, assim como toda atividade mental. É também eficaz contra a ansiedade. A sálvia contém flavonoides, que estimulam as funções cerebrais e melhoram o humor.

Dores de cabeça

Fazer chá de alecrim. Deixar esfriar. Preparar uma pasta com argila verde e o chá de alecrim. Aplicar a pasta na testa e nas têmporas. Deixar agir por 30 minutos.

Contra drogas

Fazer aplicações de argila verde com o chá de alecrim na testa, em volta de todo o pescoço e na sola dos pés. Para saber como preparar a argila, seguir a orientação anterior (dores de cabeça), deixar a argila agir por 60 minutos. Pode-se fazer de uma a três aplicações durante o dia. Beber diariamente de duas a três xícaras de chá de alecrim, sem adoçar.

Varizes, cansaço mental e estafa, dores musculares e articulares

Dentro de uma garrafa com 500 ml de vinagre natural de maçã, adicionar uma colher (sopa) de alecrim. Deixar em descanso por 7 dias. Ingerir uma colher (sopa) diluída em uns três dedos de água, por 2 a 3 vezes durante o dia.

Como se faz tintura de alecrim: em um vidro escuro colocar um litro de álcool de cereais, adicionar 50 g das folhas de alecrim (seco), deixar em descanso por 10 dias, agitando diariamente. Depois, coar e armazenar em vidro.

ALFACE

(Lactuca sativa)

A alface é de origem asiática e também europeia. Foi através dos portugueses, especificamente de Cristóvão Colombo, que essa verdura foi introduzida em toda a América, chegando ao Brasil no século XVI.

Em todo o mundo existem mais de três mil espécies de alfaces. Elas são diferentes pelo seu formato, cor, paladar, textura etc. É uma excelente verdura. Dentre as suas várias espécies, a romana é a mais nutritiva.

Na maior parte das vezes é consumida em saladas, sozinha ou acompanhada de outras verduras ou vegetais e até com frutas. Participa também como ingrediente em sanduíches e, também, pode ser adicionada em sopas ou outros pratos quentes.

Quando preparada em forma de suco, acentua-se em sua composição uma substância levemente calmante chamada lactucina e a vitamina B9-ácido fólico.

Sais minerais: ferro, fósforo, potássio, manganês, cálcio, magnésio, zinco, cobre e sódio.

Vitaminas: A, C, E, K, B1-tiamina, B2-riboflavina, B3-niacina, B5-ácido pantotênico, B6-piridoxina, B9-ácido fólico.

Contém carboidratos, fibras, proteínas, betacaroteno (ao ser ingerido é convertido em vitamina A), luteína e zeaxantina, que são essências para a saúde dos olhos.

Em 100 g de alface há 15 calorias. Suas folhas são constituídas, sobretudo, por água, e, como sabemos, a água presente em frutas, verduras e legumes é alcalina enquanto natural.

A alface é indicada para gestantes, para pessoas com anemia, pois aumenta a quantidade de glóbulos vermelhos no sangue, e para a saúde dos olhos, da pele, além de facilitar o desempenho de todo o sistema cardiovascular e a qualidade do sono e das funções cognitivas.

Comer alface em demasia retarda o metabolismo (conjunto de transformações químicas ou fenômenos químicos e físico-químicos), pelo qual se faz a assimilação (anabolismo) e a dissimilação (catabolismo) das substâncias necessárias à vida (animal e vegetal).

Para armazenar alface, o local mais apropriado é a geladeira. A verdura deve ser armazenada em um recipiente com tampa ou saquinho de plástico. A durabilidade é de 3 a 5 dias. Se lavar as folhas, seque-as bem antes de armazená-las.

Para eliminar os micro-organismos, lave as folhas em água corrente e mantenha por 30 minutos em uma solução preparada com uma colher de sopa de hipoclorito de sódio em um litro de água filtrada. Em seguida, lavá-las novamente em água filtrada.

Indicações terapêuticas

Epilepsia, ansiedade, angústia, irritação, depressão (preocupação doentia com a saúde e hipocondria)

Ingerir o suco (fresco) das folhas e talos de alface, um copo ou xícara, 2 a 3 vezes durante o dia.

Insônia, gripe, reumatismo, tosse e nervosismo

Suco dos talos da alface. Ingerir uma xícara, 2 vezes ao dia. Para o problema de insônia, pode-se adoçar com uma colher (chá) de mel e ingerir uma hora antes de deitar-se.

Asma

Cozinhar (no vapor preferencialmente) cerca de 30/40 g dos talos picados para meio litro de água e tomar uma xícara ao deitar.

ALFARROBA

(Ceratonia siliqua)

É uma árvore selvagem, que produz uma vagem comestível, com 10 a 16 sementes, de cor parda e que para amadurecer demora um ano. As suas vagens, depois de secas, são torradas e trituradas. Essa farinha possui cor e aroma semelhantes ao cacau.

Contém carboidratos, fibras, proteínas e é pobre em gorduras.

Sais minerais: cálcio, potássio, ferro, magnésio, sódio.

Vitaminas: A-retinol, B1-tiamina, B2-riboflavina, B12-cobalamina, D-calciferol.

Não contém glúten, nem agentes alergênicos ou estimulantes, como a cafeína e a teobromina, presentes no cacau, que em grandes quantidades são responsáveis por efeitos fisiológicos adversos, como o aumento da estimulação do sistema nervoso, ansiedade e irritação.

Foram identificados na alfarroba 41 compostos fenólicos, o que a credencia como de alta capacidade antioxidante, combatendo os radicais livres, retardando o envelhecimento e, por ser rica em vitamina A, agindo na proteção da visão.

A alfarroba é largamente utilizada na indústria alimentícia, cosmética e farmacêutica. A sua farinha é rica em uma fibra solúvel chamada pectina, que é ótima para os diabéticos e que auxilia na motilidade intestinal.

Pode ser consumida na forma de barras e bombons, em substituição ao chocolate. É também utilizada normalmente na preparação de bolos e tortas.

ALHO
(Allium sativum)

Fonte de mais de cem compostos ativos, o alho oferece inúmeros benefícios para a nossa saúde, e é através da medicina natural que podemos melhor conhecê-lo e utilizá-lo com eficácia. Ele tem poder de prevenir um simples resfriado como a capacidade de aumentar a síntese de testosterona.

O alho é mais consumido como um ingrediente na preparação de alimentos, uma vez que proporciona um sabor diferenciado nas mais diversas preparações culinárias, sem que seja necessário fazer uso de sal ou de exagerar na quantidade.

Na saúde, é um potente antibiótico e desintoxicante natural. Fortalece e refaz o sistema imunológico, é estimulante do metabolismo, combate infecções, controla o colesterol, protege o coração, as artérias, veias e evita o acúmulo de coágulos e gorduras. É benéfico para todo o sistema cardiovascular. É também expectorante e cicatrizante de mucosas, baixa a pressão arterial, reduz altos índices de colesterol e triglicérides, a taxa de glicose, combate a tênia e outros vermes intestinais, aumenta os níveis do hormônio testosterona e a sua respectiva síntese.

A sua polpa contém fibras, proteínas, fitoquímicos como alicina, ajoene, sulfeto alílico, saponinas, sais minerais, vitaminas.

Possui baixíssimo valor calórico: uma cabeça de alho contém cerca de 40 calorias.

Sais minerais: cálcio, magnésio, manganês, ferro, fósforo, cobre, selênio, potássio.

Vitaminas: A, C, E, B1-tiamina, B2-riboflavina, B6-piridoxina.

Os benefícios do alho para o coração são devidos à alicina, substância que estimula o sistema imunológico, fluidifica o sangue, dilata os vasos sanguíneos, além de eliminar bactérias e harmonizar a pressão sanguínea. Já o ajoene tem ação anticoagulante, previne doenças cardiovasculares e cerebrovasculares. Ajoene também ajuda a impedir que o câncer de pele seja propagado. Contém propriedades antivirais e antibacterianas. O sulfeto alílico combate o câncer, pois estimula a produção de uma enzima que protege o organismo contra a ação de agentes cancerígenos, a chamada glutationa-s-transferase.

Como antioxidante, protege os vasos e células sanguíneas contra os danos causados pelas inflamações e pelo estresse oxidativo (radicais livres).

Mesmo diante de tantos benefícios, não convém consumir alho em quantidades excessivas, pois nessas condições pode causar cefaleia, vômito, tontura, diarreia, cólica intestinal, dor nos rins e gastralgia (dor no estômago).

Como sabemos, o alho é possuidor de forte odor, o qual é combatido comendo-se salsa crua ou o suco de limão com igual quantidade de água.

As roseiras têm o seu perfume aumentado quando em sua volta é plantado o alho.

As melhores formas de consumir o alho para se beneficiar de todas as suas propriedades é ingeri-lo cru, levemente cozido no sistema de cozimento a vapor, ou o extrato ou a água com ele aromatizada.

Modo de fazer e de ingerir a água aromatizada de alho (muito indicada para hipertensos): em 100 ml de água, colocar um dente de alho fresco, descascado e esmagado. Deixar em descanso por 6 horas. Ingerir um copo pela manhã em jejum, alimentar-se 10 a 15 minutos depois. Pode-se ingerir de um a dois copos durante o dia, sendo que o segundo copo deve ser ingerido à noite, preferencialmente antes de deitar-se.

Quando frito, assado ou cozido em temperaturas acima de 40º C, ele perde alicina, ajoene e outras substâncias, o que faz reduzir drasticamente todo o seu poder como preventivo e curativo.

Você pode também salpicar o alho sobre a salada ou, então, adicioná-lo a receitas cozidas, tão logo elas tenham saído do fogo.

Em forma de cápsulas, aconselha-se ingerir uma cápsula ao dia, ou conforme a necessidade.

Extrato de alho é essa forma poderosa, capaz de combater e inibir o desenvolvimento de bactérias, notadamente da Helicobacter Pylori, que é a maior responsável por causar úlceras gástricas e duodenais, além de dispepsia (indigestão) e câncer gástrico. Essa bactéria consegue sobreviver em um dos ambientes mais inóspitos do organismo humano, que é o estômago, um ambiente completamente ácido. Supõe-se que mais de 50% da população mundial tem o seu estômago habitado por ela.

Mães que estejam amamentando devem evitá-lo, pois pode provocar cólicas intestinais no bebê (se consumido em excesso pela mãe, logicamente).

Hipotensos (quem sofre com pressão baixa) não devem consumi-lo, pois baixa ainda mais a pressão arterial.

Indicações terapêuticas

Hipertensão

Descascar três dentes de alho e bater no liquidificador com meio copo de água e o suco de um limão. Ingerir pela manhã.

Herpes

Torrar cascas de alho em uma frigideira de ferro até que se tornem carvão. Apagar o fogo, misturar com alho esmagado (polpa) e azeite de oliva. Passar no local afetado. Observação: essa receita é fantástica e muito eficaz. Cientistas até hoje não descobriram a razão.

Calos, verrugas e sarna

Aplicar o alho esmagado sobre o local afetado.

Fortalecer todo o sistema imunológico, aumentar a disposição, combater gripes e resfriados

Passar na centrífuga dois dentes de alho, uma cenoura picada, dois talos de aipo/salsão com as folhas e duas xícaras (café) de salsinha. Se quiser, pode-se juntar gelo. Tome um copo, antes de alimentar-se pela manhã, durante 3 dias por semana.

Olho de peixe

Quando surge no pé, é chamado de verruga plantar; quando surge na mão, é chamado de verruga palmar. Ele surgirá sempre com um ponto escuro no meio. É causado pelo vírus do papiloma humano (HPV) e está associado ao excesso de umidade nos pés. Para tratar isso, à noite, antes de deitar-se, esmagar um dente de alho, colocar sobre o olho de peixe e prender com esparadrapo, removendo no dia seguinte, ao acordar.

Convulsão de vermes

Cheirar profundamente o alho evita a convulsão dos vermes.

Limpeza profunda do organismo com extrato de alho

Esta receita é de uma farmacopeia encontrada em letras bem antigas, em um mosteiro budista nas montanhas do Tibete, em 1972.

O extrato de alho é desintoxicante, limpa o sangue, o fígado e os rins, queima gorduras, ajuda na redução de peso, ajuda a reduzir o colesterol ruim (LDL) e aumenta o bom colesterol (HDL), diminui os triglicerídeos. Controla a pressão arterial, combate a retenção de líquidos, melhora o sistema circulatório, estimula o sistema imunológico nos deixando mais resistentes, acelera o metabolismo. É bactericida, combate e elimina bactérias, inclusive a H.Pylori. Reduz de forma significativa os riscos de infarto e derrame. Limpa os neurônios, melhora as funções cognitivas. Todo o organismo se recupera.

Observações

O alho, quando consumido de outra forma, não apresenta o mesmo efeito do extrato, isso porque, por exemplo, quando cozido ou frito, ele perde grande parte de suas propriedades, inclusive as substâncias responsáveis por harmonizar a pressão arterial.

Esse suplemento de extrato de alho envelhecido pode ser a solução definitiva para problemas de pressão arterial e outros mencionados, pois permite tirar proveito de todas as propriedades nutricionais e medicinais existentes no alho.

Contraindicações

- Para quem faz uso de anticoagulantes.
- Para pessoas que são intolerantes ao alho.
- Hipotensos (quem sofre com pressão baixa).
- Lactantes.

O que vai precisar

- 350 g da polpa de alho cru.
- 250 ml de álcool de cereais a 70%.

Modo de preparo

Esmagar ou triturar bem o alho no liquidificador. Colocar dentro de um vidro higienizado e esterilizado. Adicionar o álcool de cereais. Fechar bem o vidro. Guardar na geladeira por 10 dias. No décimo primeiro dia, remover o conteúdo do vidro, colocando em um pano totalmente limpo e higienizado. Espremer bem o conteúdo do vidro. Colocar todo o conteúdo (líquido) em um vidro higienizado e esterilizado. Colocar esse vidro na geladeira e deixar por 2 dias. Agora o produto está pronto para iniciar o tratamento.

Importante

- siga rigorosamente as orientações tanto de preparo como de ingestão;
- depois de pronto, o produto deve sempre ser mantido sob refrigeração;
- ingerir somente a quantidade de gotas indicadas e sempre diluídas em dois a três dedos de água;
- tomar sempre 15 a 20 minutos antes das principais refeições;
- para medir corretamente as gotas, utilize um conta-gotas;
- o tratamento pode ser repetido depois de 5 (cinco) anos.

Como consumir

DIAS	MANHÃ	ALMOÇO	JANTAR
Primeiro	1 gota	2 gotas	3 gotas
Segundo	4 gotas	5 gotas	6 gotas
Terceiro	7 gotas	8 gotas	9 gotas
Quarto	10 gotas	11 gotas	12 gotas
Quinto	13 gotas	14 gotas	15 gotas
Sexto	16 gotas	17 gotas	18 gotas
Sétimo	12 gotas	11 gotas	10 gotas
Oitavo	9 gotas	8 gotas	7 gotas
Nono	6 gotas	5 gotas	4 gotas
Décimo	3 gotas	2 gotas	1 gota
Décimo primeiro	10 gotas	10 gotas	10 gotas
Décimo segundo	10 gotas	10 gotas	10 gotas
Décimo terceiro	10 gotas	10 gotas	10 gotas

Ao término do décimo terceiro dia, continuar com o consumo do extrato até findar o líquido, ou por mais uns 10 dias, obedecendo à dosagem do décimo terceiro dia.

ALHO-PORRÓ/ALHO-PORÓ

(Allium porrum)

O alho-poró é também conhecido como alho-francês e alho-macho.

É uma ótima fonte de sais minerais, vitaminas, fibras e probióticos, que significa pró-vida. São alimentos ricos em bactérias do bem que agem na flora intestinal, inclusive evitam a obesidade. O alho-poró possui também prebióticos, que são fibras não digeríveis, mas que fermentam no intestino e estimulam o crescimento das bactérias probióticas. Uma das fibras prebióticas mais conhecidas é a inulina, que efetivamente evita ganho de peso e que está presente em alimentos como alho-poró, almeirão, chicória, cebola e alho. O alho-poró também contém alicina, que estimula o sistema imunológico, fluidifica o sangue, dilata os vasos sanguíneos, além de eliminar bactérias e harmonizar a pressão sanguínea.

Sais minerais: ferro, fósforo, cálcio, magnésio, manganês, potássio.

Vitaminas: A, B1, B2, B3, B4, B5, B6, B9, C, K.

Benefícios do alho-poró: é um coadjuvante na prevenção de câncer de próstata e de células tumorais. Por ser rico em vitamina B9-ácido fólico, proporciona uma gravidez tranquila e sem problemas, inclusive beneficia o bebê. Desintoxica a pele, promove crescimento dos cabelos, melhora a visão. É tônico cardíaco, ajuda o coração em suas funções, melhora o poder de memorização, fortalece e melhora o sistema digestivo e não engorda.

O alho-poró pode ser servido cru como salada, como ingrediente de omeletes ou cozido.

ALMEIRÃO

(Cichorium intybus)

É também conhecido como chicória amarga.

De sabor amargo devido principalmente às substâncias lactucina e lactupicrina, essa hortaliça é uma forte aliada em processos de emagrecimento, uma vez que contém em sua composição inulina e oligofrutose, ambas substâncias que no nosso organismo agem regulando o hormônio da fome, que se chama grelina.

A inulina é uma fibra solúvel. Ela alimenta as bactérias do bem que habitam o nosso organismo, ajuda a regular o intestino e fortalece o sistema imunológico. Essas bactérias do bem são do tipo *lactobacillus* ou *bifidobacterium*, que, quando alimentadas, são verdadeiros guerreiros que lutam evitando a criação e o desenvolvimento das bactérias ruins, como, por exemplo, a E.Coli, que é conhecida por provocar infecções do trato urinário e outras doenças. Além dessa magnífica função, a inulina combate fungos como a cândida.

A oligofrutose, também conhecida como FOS, promove benefícios, como reduzir e afastar do consumo de açúcar. Perceba que a natureza, quando nos criou, juntamente com as frutas e os vegetais, colocou nesses alimentos frutose e oligofrutose. O açúcar, infelizmente, se sobrepõe a essas substâncias e é capaz de desmantelar o sistema imunológico, causando danos à saúde humana, por isso é preciso evitá-lo.

O hormônio grelina é produzido no estômago por células do pâncreas e pelo hipotálamo. Quando presente no estômago, ele causa saciedade, ou seja, diminuição da fome, além de estimular a memória, melhorar o aprendizado e facilitar a nossa adaptação em ambientes diferentes.

Indicações terapêuticas

Consumir com frequência essa hortaliça faz bem para quem tem doenças no fígado, na vesícula biliar e no baço. Ela estimula as funções hepáticas e desintoxica o fígado. É depurativa do sangue, é digestiva, funciona como tônico das vias respiratórias e do fígado, além de melhorar o sistema circulatório.

Pessoas com icterícia, enfermidade provocada por uma disfunção do fígado, e que se manifesta com manchas amareladas na pele, nos olhos e nas membranas mucosas, têm no almeirão um forte e poderoso aliado contra essas enfermidades.

Sais minerais: cálcio, magnésio, manganês, ferro, fósforo, potássio e zinco.

Vitaminas: A, B1-tiamina, B2-riboflavina, B3-niacina, B5-ácido pantotênico e C, além de proteínas e ser rico em fibras.

O almeirão pode fazer parte da alimentação, sendo revezando com outras hortaliças como, agrião, couve, rúcula, catalônia etc.

A melhor forma de consumi-la é em forma de salada.

Em 100 g de almeirão há 21 calorias.

O consumo de almeirão não é indicado para mulheres grávidas.

Pessoas com cálculos renais também devem evitar o seu consumo, pois pode agravar essa condição.

AMARANTO

(Amaranthus)

Considerado por uns como um grão e por outros como uma semente. O que importa mesmo é o alto valor nutritivo desse alimento funcional, de origem peruana, que ainda não é apreciado como deveria em vista dos benefícios que proporciona para a saúde humana. Existem mais de sessenta espécies dele e em sua composição não contém glúten.

Ao comer amaranto, ingerem-se nutrientes semelhantes aos que são encontrados no feijão com arroz, como proteínas e aminoácidos, respectivamente.

O consumo rotineiro do amaranto está ligado a menos propensão ao câncer, devido a seu poder antioxidante e por possuir em sua composição 8% de esqualeno, substância que pode impedir o fornecimento de sangue para tumores.

Incluir amaranto em sua dieta fará você manter em níveis normais o colesterol, triglicerídios, a pressão arterial, e ainda fará o seu intestino funcionar melhor.

Sais minerais: cálcio, magnésio, ferro, fósforo, zinco.

Vitaminas: C-ácido ascórbico, E-tocoferol, B1-tiamina, B2-riboflavina, B6-piridoxina.

Além de proteínas e aminoácidos, é também rico em fibras.

Pode ser consumido em saladas, bolos, pipoca, pudim, sopa, em suco de frutas (pode adicionar de uma a duas colheres de sopa).

Aconselha-se ingerir por dia de uma a três colheres (sopa).

Ele encontra-se largamente distribuído na natureza, em diversos alimentos. O esqualeno é encontrado no corpo humano: ele é produzido pelo fígado, circula especificamente pelo sangue e é encontrado nas impressões digitais. Sendo também um dos metabólitos da biossíntese do colesterol, ele é facilmente absorvido pela pele.

Benefícios do esqualeno ou squalene:

- Diminuir os níveis do colesterol LDL (ruim) e aumentar os do HDL (bom).
- Proporcionar aumento da oxigenação celular, prevenindo morte ou envelhecimento celular precoce.
- Prevenir oxidação das células formadoras das placas de ateroma, diminuindo e prevenindo doenças cardiovasculares ateroscleróticas.
- Ter forte ação antioxidante, reduzindo a ação dos radicais livres produzidos pelo estresse oxidativo das células.
- Agir eficazmente na restauração, manutenção e proteção contra células com potencial canceroso.

- Quando usado na pele (uso tópico), oferece potente ação emoliente, com redução da perda de água, aumento da maciez e elasticidade da pele.

Outras fontes de esqualeno: azeite extravirgem de oliva, óleo de amaranto, óleo de gérmen de trigo.

ARROZ

(Oryza sativa)

Vamos falar basicamente dos dois tipos de arroz mais conhecidos, o integral e o arroz branco.

Para começar, saiba que, pelo valor calórico, não existem diferenças significativas entre ambos. Mas, sob o ponto de vista de benefícios para a saúde, aí, sim, as diferenças são marcantes.

Como o próprio nome diz, arroz integral é o grão íntegro em toda a sua essência, aparentando cor amarela ou marrom-clara.

O arroz branco é um produto oriundo do arroz integral, ele passa por um processo de polimento, ou seja, é removida a camada mais externa do grão (porção onde se concentra a maior parte das vitaminas, minerais, lipídeos, proteínas e fibras do grão). Diante disso, é inconteste que o arroz integral é muito mais nutritivo que o arroz branco. Entre os dois tipos, o branco é o mais comercializado e o mais consumido.

O arroz integral apresenta propriedades anti-inflamatórias e antioxidantes. É composto de carboidratos e proteínas. Contém fibras solúveis e insolúveis. As fibras insolúveis retêm água no intestino, aumentando o volume das fezes, o que consequentemente estica o cólon e estimula a evacuação. Também previnem quadros de constipação e a ocorrência de colite. As fibras solúveis, por sua vez, se ligam a substâncias cancerígenas, inibindo a sua "fixação" às células intestinais, evitando assim os casos de câncer colo-retal.

Sais minerais: cálcio, magnésio, manganês, selênio, cobre, fósforo e potássio.

Vitaminas: B1-tiamina, B2-riboflavina, B3-niacina, E-tocoferol.

É ainda fonte de compostos fenólicos e bioflavonoides que bloqueiam os receptores de hormônios estimulantes do câncer. Esse tipo de arroz é imprescindível nas dietas, ajuda no combate ao reumatismo e às parasitoses intestinais. Também ajuda a combater a estafa, gripe, resfriados e sinusite, ou seja, o arroz integral tem vida (se plantar, ele brota). Sua constante ingestão é fundamental na normalização de triglicerídios.

No entanto, o arroz perde quase todas essas substâncias quando é refinado, pois a maioria dos seus nutrientes está localizada na película abaixo da casca, assim, o arroz refinado fica reduzido praticamente a carboidratos, que fornecem energia (glicose), todavia não é suficiente para sustentar o organismo, para atender suas necessidades proteicas. Quando refinado, o germe também é destruído e esse arroz não tem mais vida; está completamente morto, é um produto desvitalizado, sem energia.

Indicações terapêuticas

Triglicerídios

Para ajudar a diminuir seus níveis no organismo, é aconselhável comer arroz integral, maçã de casca verde, pera, goiaba, mamão, e consumir três colheres (sopa) de aveia por dia.

Câncer, diabetes, sistema cardiovascular, asma, Alzheimer

Comer arroz integral preparado no sistema de cozimento a vapor.

ASPARGO

(Asparagus officinalis)

O nome do aspargo é de origem grega e significa “broto”. Em todo o mundo são conhecidas cerca de trezentas variedades desse vegetal, entretanto, apenas vinte são comestíveis.

O aspargo é muito nutritivo, alimenta e não promove ganho de peso. Em sua composição existem carboidratos, proteínas e fibras. Em 100 g há 20 calorias.

Sais minerais: cálcio, magnésio, manganês, zinco, potássio, selênio, ferro, fósforo e flúor.

Vitaminas: A-retinol, B1-tiamina, B2-riboflavina, B3-niacina, B5-ácido pantotênico, B6-piridoxina, B9-ácido fólico, C-ácido ascórbico, E-tocoferol, K-naftoquinonas e P-rutina.

Por conta da presença do ácido asparagúsico em sua composição, o alimento pode fazer com que a urina emita um cheiro desagradável, que, no entanto, não traz efeitos prejudiciais.

Indicações terapêuticas

No aspargo é encontrado um antioxidante chamado glutationa, que protege as células, evitando o envelhecimento precoce. Essa proteção se estende até a pele, evitando danos causados por sol e poluição.

A vitamina P-rutina trabalha em sinergia com a vitamina C-ácido ascórbico, permitindo melhor absorção pelo organismo e, consequentemente, melhor ação da vitamina C. Outros benefícios da vitamina P: fortalece o organismo a fim de evitar infecções e viroses; protege as artérias, estimula a circulação sanguínea.

O aspargo é anti-inflamatório, antioxidante e desintoxicante. Beneficia o coração, combate a prisão de ventre e promove limpeza do intestino, rins e fígado. Beneficia o sistema urinário, promove produção de urina e evita a retenção. Acelera o processo de expulsão de toxinas do corpo, diminui inchaços e a retenção de líquidos. É benéfico contra icterícia, cistite, eczema crônico e esquistossomose.

O aspargo roxo é muito rico em hormônios, tem asparagina em maior quantidade que o outro (verde ou branco). Essa substância, com uma boa quantidade de água, serve para desintoxicar o organismo. Esse tipo de aspargo é rico em um poderoso antioxidante chamado antocianinas, que evita os possíveis danos causados pelos radicais livres no organismo, combate inflamações e possui propriedades antivirais e anticancerígenas. É um verdadeiro protetor do coração e da visão.

Não deve ser consumido por pessoas que sofrem de ácido úrico e cálculo renal (pedras nos rins).

Pessoas com diabetes ou níveis alterados de taxas de açúcar no sangue também devem ter cuidado, pois o alimento pode afetar os índices de glicose no sangue.

Quem possui alergia a cebolas, alho, cebolinha e outros componentes da família do lírio, deve ficar atento, pois possui tendência a alergia ao aspargo.

AVEIA

(Avena sativa)

Da semente da planta é removida a casca porque não é comestível. Dessa semente é que se origina a aveia, a qual se apresenta de várias formas: farelo ou farinha, em flocos finos ou grossos. Não importa a forma como ela se apresenta, o que interessa mesmo é que todo o seu valor nutricional e propriedades medicinais são iguais, seja qual for a forma de apresentação.

Esse cereal funcional, além de nutrir, é um poderoso energético, tonificante da pele; rico em proteínas e fibras solúveis e insolúveis.

A aveia possui betaglucanas, que é um tipo de fibra solúvel de grande poder, ajudando no bom desempenho intestinal e na redução de colesterol ruim (LDL). Elas se agarram ao colesterol e o eliminam, não permitindo que se aloje e forme crostas no interior das artérias, e assim evitam o entupimento e reduzem o risco de enfermidades cardíacas.

Fibras insolúveis: são indispensáveis para o perfeito funcionamento de todo o sistema digestório. Com elas a eliminação fecal se torna mais fácil e rápida, e, ainda, agem prevenindo o câncer no intestino.

Sais minerais: cálcio, cobre, ferro, fósforo, magnésio, manganês, potássio, selênio e zinco.

Vitaminas: A, B1, B2, B6, B12, E e K.

Aminoácidos: arginina, cisteína, histidina, tirosina (não contém lisina).

Destaca-se também em sua composição a presença do ácido glutâmico, que é estimulante do crescimento, além de recuperar e fortalecer os tecidos que tenham sofrido traumas, por acidentes ou cirurgias.

A aveia é rica em enzimas que, ao receberem calor acima dos 40°C, morrem. Portanto, é melhor ingeri-la crua ou levemente aquecida.

Para alcançar esses benefícios, devemos consumir por dia o equivalente a 40 g de aveia (uma colher de sopa de aveia em flocos pesa 15 g).

A aveia é considerada a vassoura do organismo humano, pois coloca para fora o colesterol ruim (LDL), as gorduras, e ajuda a desobstruir as artérias, e tudo isso com maestria. Ela é soberba, é só ingeri-la de forma correta.

Em três quartos de xícara de aveia crua ou levemente aquecida, há 170 mg de cálcio.

Na composição originária da aveia não existe glúten. Porém, ela é cultivada em um processo de rotação, isto é, em cada temporada alternam-se plantações de cevada, trigo ou centeio, e esses cereais originalmente são fontes de glúten. Para a aveia não conter glúten, não pode em hipótese alguma ser plantada no mesmo solo, e não pode ter contato em nenhuma fase de produção, colheita, moagem, armazenamento e transporte, com cevada, centeio ou trigo, que contêm glúten em sua formação originária.

A aveia de produção "tradicional" contém glúten por ter sido contaminada, portanto não deve ser consumida por pessoas que sejam intolerantes ou sensíveis a essa proteína.

A aveia sem glúten que existe no mercado brasileiro é importada e goza de cuidados especiais durante todo o seu processo de produção até armazenamento, para assim, não ser contaminada.

Indicações terapêuticas

Psoríase

Misturar meio copo de aveia crua em um copo de água. Deixar repousar durante uma hora e coar, espremendo em pano. Guardar na geladeira. Aplicar no local afetado várias vezes durante o dia.

Traumas, acidentes, após cirurgias, e para fortalecer os tecidos

Ingerir duas colheres (sopa) de aveia durante o dia. Pode ser adicionada a sucos ou vitaminas, preferencialmente que essas preparações não sejam adoçadas com açúcar. Se for para colocar açúcar, por favor, não perca o seu tempo.

Esse composto alimentar não deixa as artérias endurecerem e recupera a elasticidade e a flexibilidade naturalmente. Em 80% dos casos, ocorre a desobstrução das artérias e, em 20%, impede-se a progressão do entupimento.

Bater no liquidificador duas colheres (sopa) de aveia (farelo ou flocos), duas colheres (sopa) de extrato de soja, uma colher (sopa) de gergelim branco, uma colher (sopa) de sementes de linhaça marrom (não utilizar linhaça já moída), uma fatia de mamão. Adicionar água. Ingerir 1 a 2 vezes durante o dia, por quanto tempo desejar.

BATATA-BAROA/ MANDIOQUINHA/ BATATA-SALSA

(Arracacia xanthorrhiza)

Tem origem na Cordilheira dos Andes, formada por terras da Colômbia, Equador, Peru, Bolívia e Venezuela.

É de coloração amarela e foi introduzida no Brasil por volta de 1907.

Em São Paulo (capital), é mais conhecida como "mandioquinha", e em determinadas regiões do interior de São Paulo, como também em Minas Gerais e Rio de Janeiro, como batata-baroa.

No Paraná e em Santa Catarina, é mais conhecida como "batata-salsa".

Em sua composição contém proteínas e fibras.

Sais minerais: cálcio, cobre, ferro, fósforo, manganês, magnésio e potássio.

Vitaminas: A-retinol, B1-tiamina, B2-riboflavina, B3-niacina, B5-ácido pantotênico, B6-piridoxina, B9-ácido fólico, C-ácido ascórbico), E-tocoferol, e K-naftoquinonas.

Possui carboidratos complexos. Pelo seu alto valor nutricional e por ser de fácil digestão, é indicada para alimentação infantil, de jovens, adolescentes, idosos e convalescentes. Pode ser introduzida na alimentação de bebês a partir dos 6 meses de idade, contribuindo com o crescimento, força, energia e disposição.

Cientistas na Universidade de Newcastle (Inglaterra) descobriram que esse tipo de batata proporciona energia e força. Possui propriedades anti-inflamatórias, antifúngicas e anticancerígenas, inclusive oferece proteção contra o câncer de cólon e leucemia linfoblástica aguda.

Valor calórico em 100 g: cozida 80 calorias; crua 101 calorias.

A mandioquinha pode ser cozida no vapor ou no sistema convencional, usada em caldinhos, em forma de purê, canjas, sopas, papinha para alimentação de bebês, saladas frias e bolos.

Indicações terapêuticas

TPM (Tensão Pré-Menstrual)

Por conter manganês, é indicada para esses casos. Mulheres com baixo nível desse mineral têm os sintomas da TPM agravados, como, por exemplo: o mau humor.

Hipertensão e frequência cardíaca

São beneficiadas em virtude do seu alto teor de potássio.

Osteoporose, anemia

O seu cálcio, juntamente com o ferro, fósforo, magnésio e suas vitaminas agem eficazmente na prevenção de tais enfermidades. Além disso, ajuda na formação dos ossos, dentes e cartilagens.

BATATA-DOCE

(Ipomoea batatas)

Sinônimos: batata-da-terra, batata-da-ilha, jatica e jetica.

Existem em todo o planeta cerca de quatrocentas variedades de batata-doce, que, aliás, de doce só tem o nome, visto possuir baixo valor calórico. Esse vegetal aumenta nossas defesas imunológicas, fortalece todo o organismo, é ótimo aliado na prevenção de lesões, além de proporcionar força e energia.

Possui carboidratos complexos, isto é, a sua absorção é lenta, motivo pelo qual não eleva bruscamente o nível de açúcar no sangue. Contém antocianinas, ômega 3 e outros ácidos graxos.

Sais minerais: cálcio, magnésio, manganês, ferro, fósforo, potássio, zinco.

Vitaminas: A, C, E, K, B6 (piridoxina).

Essas vitaminas, sais minerais e outros nutrientes lhe dão o poder de ser mineralizante, antianêmica e anti-inflamatória.

Para termos uma noção do seu poder, vejamos os benefícios da batata-doce e o que uma unidade média pode proporcionar:

- Contém mais do que a necessidade diária de ingestão de vitamina A de um adulto.

- Contém 30% da vitamina C que necessitamos por um dia.
- Contém 15% de fibras que necessitamos por um dia.
- Contém 10% da necessidade do mineral potássio para um dia.
- Suas folhas secas ao sol por 2 a 3 dias e seus brotos germinados são comestíveis e fornecem grande quantidade de proteínas e fibras.
- Previne tremores involuntários da velhice e a doença de Parkinson.
- Protege e promove o crescimento dos cabelos.
- Auxilia na formação do colágeno.
- Ótima no combate de cãibras.
- Ajuda no controle da pressão arterial.
- Indicada para quem deseja emagrecer.
- Indicada para praticantes de esportes e qualquer atividade física.
- Proporciona força, poder.

Com relação a sua melhor forma de preparo, sem dúvida alguma, o melhor sistema é o cozimento a vapor, sem retirar a casca. Nesse sistema ela é cozida sem adição de água, o que lhe concede permanecer, depois de cozida, com todo o seu valor nutricional e propriedades medicinais.

A batata-doce de pele branca possui menos caloria que a roxa.

O teor de vitaminas, sais minerais e outras propriedades, na batata roxa é mais acentuado.

A batata-doce roxa contém muito mais hormônios que a sua irmã de pele branca. Portadores de hipotireoidismo devem comer a versão roxa, enquanto portadores de hipertireoidismo devem comer a branca.

Valor calórico para cada 100 g: cozida 77 calorias; crua 118 calorias.

Indicações terapêuticas

Fortalecer e proporcionar mais elasticidade para a pele, tratar inflamações e irritações da visão

Processar na centrífuga um pedaço de batata-doce com 3 a 4 cm e cinco cenouras médias. Beber um copo do conteúdo imediatamente, e, se houver sobras, descartar.

Anemia (qualquer tipo), estados de convalescença e fraqueza

Ingerir uma a duas colheres (sopa) das folhas secas ao sol diariamente. Pode ser adicionada aos alimentos, sucos ou vitaminas.

Cartilagens

A batata-doce contém um aminoácido chamado lisina. Esse aminoácido exerce função importante para preservar e recuperar as cartilagens. Quando cozida no vapor, esse aminoácido continua retido na sua pele e, ao ser ingerida, essa pele nos abastece de 98 mg de lisina (uma batata média), que equivale a 5% das necessidades de um dia. Quando a batata é cozida com água, a lisina é praticamente eliminada.

Outras fontes de lisina: carne de veado, aves, carne de frango, nozes, melão, abacate etc.

Queimação no estômago (inclusive de difícil trato, crônica), gastrite, úlcera e azia

Utilizar uma batata-doce vermelha média e 500 a 600 ml de água. Remover a casca da batata-doce e cortar em cubinhos. Bater bem no liquidificador com a água. Coar com o auxílio de um pano branco de algodão totalmente higienizado, sempre pressionando o pano até que todo o líquido seja eliminado e armazenado em uma vasilha. Deixar o líquido em repouso na vasilha por 2 horas coberto. Depois, remover a água e, então, no fundo dessa vasilha haverá um conteúdo sólido de cor branca, que é chamado de polvilho da batata-doce. Cobrir o polvilho e deixar secar bem. Se quiser, pode deixar secar ao sol. Quando o polvilho estiver bem seco, desmanchá-lo e guardá-lo dentro de um recipiente de vidro bem higienizado.

Em um copo, colocar uma colher (chá) do polvilho e adicionar 200 ml de água. Mexer bem até que fique uma mistura uniforme. Beber um copo pela manhã em total jejum, outro copo antes do almoço e outro antes do jantar. Alimentar-se sempre 10 minutos depois, evitando café, açúcar e bebidas alcoólicas.

BATATA-INGLESA

(Solanum tuberosum)

Existem mais de seiscentos tipos de batatas em todo o mundo, e no Brasil mais de oitenta.

Dependendo da forma de preparo, é possível se beneficiar do valor nutricional desse tipo de batata. Ela contém bons nutrientes, pode nos prevenir de alguns males e até ser um coadjuvante poderoso no combate a problemas estomacais, inclusive úlceras no estômago. Esse tipo de batata contém zeaxantina (um carotenoide essencial para a saúde dos olhos), porém, a oxidação promove a sua perda rápida nos alimentos, inclusive se frita ou cozida por muito tempo.

A batatinha ou batata-inglesa é rica em carboidratos e possui baixa quantidade de gorduras.

Sais minerais: ferro, fósforo, potássio, cálcio, magnésio.

Vitaminas: B6-piridoxina, C-ácido ascórbico.

A versão da batata-inglesa frita não é a opção mais saudável porque o processo de fritura provoca a perda de nutrientes. Porém, se for ingeri-la frita, fazer em casa, utilizando batata fresca e óleo uma única vez por fritura.

Se for fritar com óleo comestível, aumentará ainda mais o teor de gordura e o valor calórico, o que nos deixa propensos a doenças cardíacas e ganho de peso. Nunca frite aquelas que foram armazenadas na geladeira, porque tem o teor de açúcar aumentado, portanto, elas ficam mais adocicadas e podem escurecer durante o processo de fritura.

Quando preparada cozida e com a casca, é melhor, porque a perda nutritiva é reduzida. Não consumir aquelas que apresentam rachaduras, furos, as que estão brotando ou esverdeadas.

Para conservá-las, o ideal é evitar o uso da geladeira porque a baixa temperatura pode alterar o seu sabor.

Quando as batatas estão esverdeadas ou brotando tornam-se impróprias para o consumo, pois podem causar colite e intoxicações que se manifestam por meio de cólicas, gastrites e até disenterias.

Comer purê de batata em demasia dilata o estômago.

Valor calórico da batata em três formas de apresentação em 100 g: cozida 53 calorias; crua 67 calorias; frita com óleo comestível 268 calorias.

A seguir, os principais malefícios da batata frita, ou das batatas que estão brotando ou esverdeadas.

Para começar, a fritura de alimentos forma substâncias cancerígenas que serão consumidas junto com eles. O certo é não comer frituras por mais de 3 vezes durante um mês.

A batata frita, que para muitos é algo delicioso, é um dos maiores venenos criados pelo homem, é simplesmente devastador e cruel para a saúde humana. Tanto as batatas pré-fritas congeladas quanto as do tipo *chips* são ricas em gorduras saturadas.

Engana-se quem pensa que esses malefícios se manifestam somente na batata frita. Esse mal é causado tanto pela batata pré-frita e congelada como por salgadinhos industrializados, passando pela versão descascada, cortada e frita em casa e, também, pelas batatas esverdeadas ou que estejam brotando.

Consumir alimentos fritos diminui a fertilidade, tanto em homens como em mulheres. Homens que consomem frequentemente esse tipo de alimento têm a produção e a qualidade do esperma diminuídas. Afaste-se de alimentos dessa natureza, inclusive do famigerado *fast-food.* Saiba também que comer frituras constantemente está diretamente ligado ao desenvolvimento de câncer de próstata, como também está associado aos cânceres de mama, pulmão, pâncreas, cabeça, pescoço e esôfago. O certo é que seres humanos não deveriam comer frituras por mais de três vezes durante um mês.

Batatas fritas ou alimentos fritos a mais de 120 graus contêm uma substância cancerígena chamada acrilamida, e, dependendo da quantidade que se consome, essa substância tóxica pode causar problemas para a saúde, inclusive para os rins. A acrilamida é formada quando a batata branca é aquecida em alta temperatura. Os níveis de acrilamida são mais altos em batatas congeladas, aquelas comercializadas em pacotes prontos para fritar.

O sódio é outro ingrediente presente por adição nas batatas fritas, sejam elas industrializadas ou não. A verdade é que o excesso de sódio é perverso para a saúde. Ele pode conduzir a aumento da pressão arterial, retenção de líquidos, aumento do risco de infarto, AVC (acidente vascular cerebral), insuficiência renal e cardíaca, enfermidades neurológicas, aneurisma e problemas respiratórios.

Batatas brotando ou esverdeadas: a luz e o calor que incidem sobre a batata desencadeiam a produção de uma substância química chamada solanina. Essa substância pode causar sintomas de intoxicação quando ingerida em grandes quantidades, como, por exemplo: náuseas, diarreia, vômito, desarranjos intestinais, dores de cabeça, dor de estômago, queimação na garganta, tonturas, além de afetar o metabolismo.

A solanina fica impregnada na casca da batata quando está esverdeada ou nos brotos em crescimento. E, outro fato, mesmo que se removam essas partes afetadas, o risco de ser afetado pela solanina permanecerá. Portanto, batata nessas condições não deve ser consumida; use-as para plantar.

Mas aqui fica uma pergunta: você que frequenta restaurantes ou bares e gosta de comer batatas fritas, ao solicitá-las, quando o garçom lhe serve, por acaso você pergunta para ele qual era o estado dessas batatas, antes de serem fritas?

Detalhes:

– primeiro: o garçom nem sabe o que é solanina;

– segundo: a empresa que faz o empacotamento das batatas também nem sabe o que é solanina; ela quer mesmo é vender suas batatas;

– terceiro: aqui fica o alerta, cuide de você, da sua casa. E a sua casa é o seu corpo, é lá que efetivamente você mora.

Indicações terapêuticas

Convulsões

Junte 30 g (folhas, flores e bagos) para um litro de água. Deixar ferver por 10 minutos. Quando estiver frio, coar. Beber uma xícara 2 a 3 vezes durante o dia.

Úlceras gástricas e duodenal, gastrite, dores de estômago, pirose (excesso de ácido clorídrico no estômago), azia

Fazer suco da batata (sem cascas), batendo no liquidificador com um pouco de água ou na centrífuga (é melhor). Juntar uma colher (sopa) do suco com meio copo de água. Ingerir 30 minutos antes das principais refeições, por 15 a 30 dias.

Cefaleia, enxaqueca e dor de cabeça em geral

Opção 1: colocar fatias cruas de batata na fronte e nas têmporas.

Opção 2 (é mais eficaz): fazer suco com a batata (inclusive com as cascas) e misturar com argila verde. Quando a pasta estiver pronta, aplicar em toda a testa e nas têmporas. Deixar agir por 45 a 60 minutos. Antes de aplicar, solicite que não lhe acordem, caso durma.

Artrite e má circulação

Aquecer levemente o suco das batatas com a casca e misturar com argila verde. Preparar a pasta e aplicar sobre os locais afetados. Deixar agir por 60 minutos. Podem-se fazer quantas aplicações quiser. No caso de má circulação, aplicar a pasta sobre as pernas.

Furúnculos e abscessos

Cozinhar a batata no vapor, depois amassá-la e aplicar ainda quente (com temperatura que suporte) sobre o local afetado, sob a forma de cataplasma. Deixar agir por aproximadamente 60 minutos. Pode-se fazer aplicação por 1 a 3 vezes durante o dia.

Olheiras

Opção 1: lavar uma batata média, remover a casca e cortar um par de fatias bem fininhas, do tamanho que caiba na região dos olhos. Colocar uma fatia sobre as pálpebras fechadas de cada olho e deixar agir por 15 minutos.

Opção 2 (é mais eficaz): fazer suco da batata sem as cascas. Misturar com argila verde. Fechar bem os olhos e aplicar sobre os mesmos. Deixar agir por 30 minutos. Remover a argila com água em temperatura ambiente.

BATATA YACON

(Polymnia sonchifolia)

Ela tem a textura macia e é levemente adocicada. Tem um gosto que lembra a pera, e o seu formato é semelhante ao da batata-doce.

A batata yacon contém alto teor de frutooligossacarídeos (FOS), um tipo de carboidrato que funciona como um prebiótico intestinal (são fibras não digeríveis, mas que fermentam em nosso intestino e estimulam o crescimento das bactérias probióticas), e inulina. Essas fibras solúveis agem beneficiando a saúde intestinal. Fazem bem aos portadores de diabetes *mellitus* do tipo 2, pois baixam os índices glicêmicos rapidamente e são eficazes no respectivo controle.

Ela possui carboidrato complexo, que é digerido e absorvido lentamente. Dessa forma, o aumento da glicemia se dá de forma lenta e gradual, ao contrário dos carboidratos simples, que são digeridos e absorvidos rapidamente, produzindo um aumento súbito da taxa de glicose no sangue e gerando picos de insulina, contraindicados para diabéticos.

Em sua composição é também encontrado o aminoácido triptofano, muito importante para a saúde do diabético, pois ajuda na produção de neurotransmissores que conferem as sensações de alegria e bem-estar.

É uma fonte natural de insulina. Fortalece e aumenta a imunidade, ajuda a regular as funções intestinais, age na redução do colesterol, apresenta baixo valor calórico, proporciona sensação de saciedade, evita ganho de peso.

Sais minerais: potássio, cálcio, magnésio, ferro, fósforo, manganês, zinco, cobre e sódio.

Vitaminas: B1-tiamina, B2-riboflavina, C-ácido ascórbico.

Pode ser consumida crua (melhor forma), como se fosse fruta, adicionada em sucos e farinhas ou em forma de purê, ao contrário de outros tipos de tubérculos, como a batata-inglesa e a batata-doce, que geralmente são consumidas cozidas, assadas ou fritas.

Pode ainda ser utilizada em pequenas refeições ou lanches, durante o dia.

Aconselha-se consumir crua e sem a casca, de 100 a 150g por dia.

Se você é diabético introduza esse alimento em sua vida, pois vai lhe fazer bem.

BERINJELA

(Solanum melongena)

Esta planta é originária da Índia, onde é chamada "rei dos vegetais", em virtude da sua versatilidade em toda a culinária indiana.

Em 1575, Leonhard Rauwolf fez a descoberta da berinjela em Aleppo (Síria), em uma missão botânica. A berinjela era chamada de "melongena" e "bedenigian". Essa espécie de berinjela era do tamanho de um ovo de ganso e de cor violeta. Sabe-se que hoje, em todo o mundo, existem mais de trinta variedades desse vegetal alcalino, que apresenta muitas variedades nos frutos relacionados ao formato, coloração e tamanho.

Estudos recentes sobre a berinjela atribuem propriedades antioxidantes que ajudam a inibir a formação de tumores.

Recentemente foi difundido que o consumo regular de berinjela ou de seus derivados baixaria os níveis de colesterol. A verdade é que através de estudos científicos isso não foi comprovado, e, apesar de ter apresentado alguns resultados positivos, eles não foram suficientes para poder afirmar peremptoriamente esse benefício como verdadeiro. Esses estudos foram realizados pela Prof. Dra. Maria da Conceição R. Gonçalves, pesquisadora do Laboratório de Tecnologia Farmacêutica da Universidade Federal da Paraíba.

Posteriormente, outro estudo realizado pelo pesquisador Prof. Dr. Bruno Caramelli, do Instituto do Coração do Hospital das Clínicas (FMUSP), não constatou nenhum efeito do suco de berinjela com laranja (200 ml por dia) nos níveis plasmáticos de colesterol total, LDL, VLDL, HDL-colesterol, fibrinogênio e triglicerídios.

É evidente que outros estudos ainda serão realizados e, aí sim, concluam sobre a veracidade desses benefícios.

Seu suco é utilizado contra inflamações dos rins, bexiga e uretra, como poderoso diurético. A berinjela é muito recomendada para quem sofre de artrite, gota, reumatismo, diabetes e inflamações da pele em geral. Ela possui um bom teor de fibras, o que a qualifica como de grande poder laxante; é recomendada contra a indigestão e prisão de ventre.

Sais minerais: potássio, ferro, fósforo, enxofre, cálcio, magnésio, cloro, sódio.

Vitaminas: A-retinol, B1-tiamina, B2-riboflavina, B5--ácido pantotênico, B9-ácido fólico, C-ácido ascórbico.

Muitas pessoas têm o hábito de mergulhá-las em água e sal antes de cozinhá-la, mas, atenção, não se deve fazer isso, pois grande parte de todo o seu valor nutricional é eliminado.

As propriedades da berinjela são mais bem aproveitadas quando cozida no sistema a vapor.

Em 100 g de berinjela há 20 calorias.

Indicações terapêuticas

Artrite, gota, reumatismo, diabetes e insônia

Preparar a berinjela no vapor e ingerir de 1 a 2 vezes ao dia.

Cistite e nefrite

Fazer o suco da berinjela batido no liquidificador. Ingerir rapidamente de um a dois copos por dia.

Colesterol alto e afecções hepáticas

Ferver 40 g do fruto (em cubinhos) e folhas (ou só o fruto, na ausência das folhas) em um litro de água, por 3 a 5 minutos. Ingerir de dois a quatro xícaras (chá) por dia, durante 7 dias. Caso os sintomas não desapareçam, repetir a dose após 3 dias de intervalo.

Eczema

Centrifugar uma berinjela. Embeber um algodão com o seu líquido e aplicar sobre as partes afetadas. Se arder, procure abanar o local.

Seborreia

Cortar as berinjelas em cubinhos e colocá-las dentro de uma travessa perfurada (do seu aparelho de cozimento a vapor) encaixada dentro da travessa lisa do aparelho. Deixar cozinhar até ser extraído um líquido da berinjela que ficará depositado na travessa lisa. Esse líquido, após frio, deve ser aplicado na cabeça com a ajuda de um pano ou algodão. O melhor horário para aplicação é à noite. Lavar a cabeça ao acordar. Aplicando-se 1 vez ao dia, a seborreia desaparecerá entre o terceiro e o quinto dia de uso.

Verrugas e impetigos ulcerosos

Fazer o suco da berinjela e massagear as verrugas várias vezes ao dia.

Dermatoses, coceiras no couro cabeludo

Fazer um suco da berinjela ou passar na centrífuga. Embeber algodão com o suco e fazer compressas várias vezes, durante o dia, sobre o local afetado.

Gordura no fígado (esteatose hepática)

- Ferver 50 g das folhas ou do fruto em um litro de água, beber um copo, 2 a 3 vezes durante o dia, por 8 dias. Caso necessite, pode tornar a beber o chá depois de 3 a 5 dias de intervalo.
- Chá da planta sacaca: preparar o chá sob a forma de decocção, ingerir diariamente duas xícaras (chá), por 15 a 20 dias.

- Laranja-lima da Pérsia: lavar bem uma unidade da laranja-lima, bater no liquidificador com casca e tudo, em 100 ml de água. Coar e beber imediatamente pela manhã e em total jejum, alimentar-se 15 minutos depois. Aconselha-se fazer o tratamento por 15 dias consecutivos.

Para complementar o tratamento:

- não comer frituras;
- praticar caminhadas de no mínimo 30 minutos por dia.

BETERRABA

(Beta vulgaris)

A beterraba é uma raiz que aparece em duas colorações: a branca, de onde se extrai o açúcar, e a vermelha, que é utilizada na alimentação.

Sais minerais: silício (componente do colágeno), cálcio, magnésio, zinco (necessário aos tecidos cerebrais), manganês, potássio, ferro, fósforo, cobre, cloro, sódio.

Vitaminas: A-retinol, B1-tiamina, B2-riboflavina, B5-ácido pantotênico, C-ácido ascórbico (a vitamina C da beterraba é aproveitada em sua totalidade pelo nosso organismo, quando consumida crua).

Pela presença dos minerais cobre e ferro, ela contribui para a formação de glóbulos vermelhos. Já o manganês fortalece, alimenta e regulariza as funções das glândulas de secreção interna, que são as suprarrenais, paratireoides, tireoide, hipófise, pineal etc. Destaca-se também o seu alto valor em ferro, o que a credencia como um alimento perfeito para manter bons níveis de ferro no organismo, como também para combater a anemia ferropriva, ou seja, em decorrência da carência desse mineral.

As folhas da beterraba são ainda mais ricas em nutrientes, podendo ser consumida crua, em forma de salada, ou levemente cozida no vapor, porém não devem ser consumidas por quem tem cálculos renais ou biliares.

A beterraba pode ser consumida por diabéticos, pois possui baixo valor calórico (42 calorias em 100 g), e a melhor maneira de cozinhá-la é pelo sistema a vapor.

Esse vegetal tem em sua composição uma substância chamada betaína, cujo benefício principal é reduzir os níveis de homocisteína, um componente que está intrinsecamente ligado ao risco de desenvolvimento de enfermidades cardiovasculares e ósseas, como a osteoporose. A betaína é também recomendada para quem tem dentes fracos ou está com piorreia, bem como para prevenção de tumores.

Outro benefício proporcionado é a melhora do sistema imunológico e nervoso.

Indicações terapêuticas

Piorreia, desarranjos do baço e do fígado, fortalecimento do coração e oxigenação do cérebro

Fazer uso do suco de beterraba crua, pelo menos 3 vezes por semana.

Anemia e outros problemas no sangue

Picar beterrabas (duas a três ou a quantidade que lhe convier) e bater no liquidificador, com um pedacinho (1x1 ou 2x2 cm) de fígado de boi cru. Em seguida, coar e ingerir rapidamente, pela manhã, em jejum. Inutilizar as sobras. O ideal é beber esse composto por 15 dias.

Para fortalecer a memória e prevenir seus males

Centrifugar ou bater a beterraba no liquidificador e ingerir um copo pela manhã, em total jejum. Não reaproveite as sobras.

Observação: se quiser, pode adicionar uma colher de pólen de abelhas ou mel.

Contra bronquite ou tosse

Espalhar em um prato rodelas de beterraba e semear açúcar orgânico ou mascavo sobre elas. Cobrir o prato com um pano limpo, deixar em repouso no sereno por uma noite. Ingerir uma colher (sopa) desse xarope 3 vezes durante o dia, no caso de adultos. Para crianças, uma colher (café) 2 a 3 vezes durante o dia.

Falta de energia, de disposição, de ânimo, moleza no corpo

Esses problemas serão resolvidos com esta receita, e isso acontecerá porque esses ingredientes fortalecem o sistema imunológico, além disso, esse suco serve para prevenção do câncer.

O que vai precisar:

- 1 kg de beterraba.
- Um limão congelado e ralado.
- Três laranjas (qualquer tipo, porém, se for do tipo lima, é melhor).
- Três maçãs (preferencialmente fuji).
- 500 g de cenoura.
- 800 g de mel.

Modo de preparo e consumo:

Com o auxílio de uma bucha, lavar bem a cenoura, a beterraba e a maçã. Em seguida, colocar todos os ingredientes no liquidificador e bater bem. Depois, colocar o conteúdo em um vidro higienizado com tampa e guardar na geladeira. Consumir todas as manhãs 100 ml desse suco, ainda em jejum.

Observações:

Diabéticos, devido ao mel, não devem consumir esta receita.

Sangue novo

Um copo de suco de beterraba batido no liquidificador ou na centrífuga, com um pedaço de 1 x 1 cm de fígado de boi. Ingerir no período da manhã.

Anemia

Ingerir pela manhã um copo de suco da beterraba crua, e se quiser pode adoçá-lo com melado de cana. Aconselha-se também comer beterraba cozida no vapor.

Dentes fracos

Beber durante o dia suco puro de beterraba crua adoçado com uma colher (chá) de mel.

Piorreia (dentes frouxos)

Beber durante o dia um copo de suco puro de beterraba. Pode-se também fazer bochechos 3 vezes durante o dia, com o óleo puro e cru de girassol. Colocar uma colher (sobremesa ou sopa) desse tipo de óleo na boca. Fazer bochechos por 15 minutos, depois cuspir a substância no vaso sanitário. Repetir o processo até resolver o problema.

Argila verde

Preparar a pasta com água levemente aquecida e aplicar em todo o rosto até o pescoço. Deixar agir por 45 minutos. Pode ser uma aplicação diária até ser sanado o problema.

BRÓCOLIS

(Brassica oleracea)

Aqui está uma verdadeira fábrica de nutrientes, um superalimento, perfeito, repleto de inúmeras substâncias benéficas para a nossa saúde, uma dádiva da natureza, pena que ainda muito desconhecida pela maioria dos brasileiros, que, em matéria de saúde, ainda preferem tomar remédios em detrimento de uma alimentação saudável.

O Brasil é o maior produtor de brócolis de toda a América Latina, mesmo assim, o nosso consumo está abaixo do ideal. A título de comparação, o brasileiro come em média 1,05 kg de brócolis por ano, enquanto o italiano consome 7,25 kg.

O brócolis é rico em fibras, proteínas, contém o aminoácido triptofano e luteína.

Sais minerais: cálcio, magnésio, cromo, fósforo, potássio, enxofre, zinco, selênio, manganês, ferro, sódio.

Observações: uma xícara de brócolis cozidos no vapor contém 380 mg de cálcio. O enxofre exerce uma importância muito grande nos brócolis, pois combate bactérias, parasitas e micróbios. É importante para o crescimento das crianças. Faz parte da insulina (ótimo no caso de diabéticos). Ajuda na recuperação, construção e reconstrução dos tecidos das células do corpo. É tido como um poderoso desinfetante.

Vitaminas: A-retinol, B1-tiamina, B2-riboflavina, B5--ácido pantotênico, B6-piridoxina, B9-ácido fólico, C-ácido ascórbico, K-naftoquinonas.

Fibras: ampliam a sensação de saciedade e alimentam as bactérias do bem que habitam o intestino.

Luteína: outro poderoso antioxidante, que faz bem e protege a visão, evitando danos e lesões causados pela luz à retina.

Triptofano: no estômago transforma-se em serotonina, hormônio da alegria e do bem-estar.

O que mais os brócolis contêm:

- Esteróis: são transformados em vitamina D no organismo e estimulam a diferenciação celular (as células malignas são ignoradas).
- Indol-3-Carbinol: esse fitonutriente tem ação antioxidante, antitumoral, anti-inflamatória e antineoplásica (destrói células malignas). Ele também age contra a proliferação do vírus da herpes. Essa substância está igualmente presente no repolho e na couve-de-bruxelas.
- Isotiocianatos: o consumo dessa substância, por meio dos alimentos, é indicado para a prevenção e combate de diversos tipos de câncer, incluindo de pulmão, esôfago, próstata, mama, intestino, fígado, cólon e bexiga. É muito eficaz no combate aos males do tabaco. Pela

medicina chinesa, os isotiocinatos são considerados verdadeiros "limpadores de chaminé", pois limpam o pulmão dos fumantes, como também promovem uma grande limpeza do fígado. Enfim, o brócolis é um verdadeiro desintoxicante, desde que ingerido rotineiramente e que, durante a sua preparação, não receba muito calor.

- Monoterpenos: previnem o câncer, inibem a produção do colesterol LDL (ruim), estimulam a produção de enzimas anticancerígenas.
- Sulforafano: é um fitoquímico da categoria dos isotiocianatos. Eles são ativados através da mastigação, e o alimento que o compõe não pode ter recebido muito calor no cozimento, como é o caso do cozimento tradicional. Se isso acontecer, esse fitoquímico é eliminado pela ação do calor. O sulforafano é capaz de inibir e combater a bactéria Helicobacter Pylori, além de ser eficaz na prevenção e combate ao câncer de mama.

Benefícios para a saúde:

- É o alimento que mais nutrientes contém contra o câncer, e que efetivamente é reconhecido.
- Tem ação desintoxicante, anti-inflamatória e antioxidante.
- Como anti-inflamatório, age na prevenção de doenças cardíacas, artrite e até demência.

- Como antioxidante, combate o acúmulo de gordura no fígado, que gera inflamação e está associado à cirrose, câncer e diabetes.
- O consumo regular de brócolis pode evitar doenças cardíacas.
- Retarda o envelhecimento.
- Protege a saúde dos olhos.
- Repleto de nutrientes que previnem e combatem distúrbios estomacais.
- Evita a anemia e é poderosíssimo coadjuvante no seu combate.
- Fortalece o sistema imunológico.
- Evita e combate infecções.
- O seu consumo rotineiro pode ajudar a superar a carência de vitamina D.
- As folhas e flores dos brócolis possuem vinte vezes mais cálcio que o leite de origem animal.
- Como alimento, o brócolis pode ser usado para os casos de falta de vitamina A e C, deficiência de calcificação, osteoporose, ossos fracos, anemia, colite e ansiedade.

Perceba que é na forma de preparo que se pode obter maior ou menor quantidade dos seus nutrientes, mas, de antemão, já esclarecemos, a melhor e mais perfeita forma de preparar o brócolis é no sistema de cozimento a vapor, e não confunda esse sistema com cuscuzeira.

Cozido no sistema convencional: se o objetivo for, por exemplo, absorver seus benefícios anticancerígenos, o ideal é não cozinhá-lo nesse sistema, mas, se assim o fizer, não cozinhe por mais de 10 minutos. Quando cozido dessa forma, perde grande parte dos seus nutrientes. Se cozinhar por muito tempo e dependendo do calor recebido, perde suas enzimas, que são indispensáveis, por dar sustentação às células. Em geral, as enzimas são eliminadas ao receber calor acima de 40 graus.

Fervido: essa é a forma que promove a maior perda de nutrientes, inclusive aqueles que combatem o câncer.

Se você pensa em preparar uma sopa e colocar brócolis desde o início para cozinhar, achando que obterá algum dos seus benefícios, esqueça isso, pois com certeza não acontecerá. Mas, se depois da sopa pronta, colocar brócolis que tenha sido cozido por 5 minutos no vapor, aí sim, com certeza o seu organismo se encherá de nutrientes. E se fizer uma canja utilizando a carcaça da galinha, aí você terá um alimento completo, perfeito para quem faz quimioterapia, radioterapia, para quem tem enfermidades inflamatórias, reumáticas, bem como após cirurgias.

Cru: o brócolis cru é também uma boa forma de aproveitar seus nutrientes. Antes, deve-se higienizá-lo bem e colocá-lo de 3 a 5 minutos no vapor, para eliminar alguns germes. Caso contrário, pode provocar irritação no sistema gastrointestinal e causar gases.

Cozimento a vapor: o ideal é cozinhar efetivamente por 5 minutos. Perceba que, ao remover da panela a vapor, tem uma aparência bem verde, brilhante, totalmente diferente dos sistemas convencionais, em que ficam com uma aparência amarelada.

Vegetais cozidos a vapor são a forma perfeita de você ingerir alimentos vivos, com substâncias que muitas vezes só vêm à tona quando recebem pouco calor.

Recomenda-se comer de três a seis porções por semana. Comer brócolis em excesso pode produzir gases intestinais.

Uma forma de enriquecer o arroz é cozinhar brócolis no vapor, deixar esfriar, triturar levemente no liquidificador e depois misturar.

Indicações terapêuticas

Bactéria Helicobacter Pylori (H.Pylori)

Supõe-se que mais de 50% da população mundial tem essa bactéria em seu estômago. Ela é a maior responsável por causar úlceras gástricas e duodenais, além de dispepsia, ou seja, indigestão e câncer gástrico.

Duas atitudes erradas prejudicam cada vez mais a sua saúde e alimentam essa bactéria. Primeiro: leite de origem animal, que por natureza já é um produto indigesto; segundo: a bactéria que habita o seu estômago também causa indigestão. Juntando esses dois itens, o resultado é que a sua saúde será duramente afetada, além de criar um ambiente favorável para manter a bactéria.

A acidez do estômago é um dos mecanismos de defesa do nosso organismo contra as bactérias e vírus que são ingeridos com os alimentos, e poucos são os seres vivos que conseguem sobreviver em um ambiente tão ácido. Mas a bactéria H. Pylori desenvolveu algumas artimanhas que permitem a sua adaptação em um meio tão hostil e inóspito quanto o nosso estômago. Essa bactéria é terrível: consegue produzir substâncias que neutralizam os ácidos, formando uma espécie de nuvem protetora ao seu redor, e isso faz com que se locomova dentro do estômago até encontrar um ponto para se fixar onde seja menos ácido, em geral debaixo da mucosa.

Tratamento natural: pela manhã, bater no liquidificador duas folhas de couve manteiga com meio copo de água, depois coar e ingerir imediatamente em total jejum. Alimentar-se 10 minutos depois. O ideal é beber esse suco por 30 dias. Comer 2 porções de brócolis por dia por 4 a 5 dias da semana.

Argila verde: preparar a pasta com o chá frio da planta cipó-mil-homens ou com água em temperatura ambiente. Aplicar a pasta em toda a testa. Deixar agir por 45 a 60 minutos. Fazer uma aplicação diariamente por 20 a 30 dias.

CAFÉ

(Coffea arábica)

Até os dias de hoje, o café é causador de muitas polêmicas e controvérsias, dividindo opiniões entre pesquisadores e profissionais ligados à área de saúde. As opiniões são incongruentes e alguns garantem que ele proporciona benefícios para a saúde, como estimular o foco e a atenção, e até ajudar a combater a depressão, enquanto outros afirmam que é prejudicial à saúde, pois pode causar arritmia, problemas gastrointestinais e insônia.

Os frutos do café são estimulantes e energizantes, enquanto as flores são calmantes. Suas sementes contêm tanino e cafeína (um alcaloide). Além do café, a cafeína está presente na maioria dos refrigerantes, principalmente nos do tipo cola, em chá-mate, chá preto e em alguns medicamentos.

A título de informação, salientamos que a cafeína foi descoberta por um médico alemão chamado Ferdinand Runge, em meados do século IX.

Os frutos maduros ou as sementes não torradas possuem uma mucilagem (substância viscosa solúvel em água) com propriedades hipoglicemiantes (fazem baixar a taxa de glicose no sangue), como também vários óleos essenciais aromáticos, inclusive um que é chamado de cafenol, solúvel em água e responsável pelo sabor no cafezinho.

Seus frutos também possuem gorduras e componentes químicos como cafeína e ácidos orgânicos como, por exemplo, cafetânico, cafélico e clorogênicos, com funções antioxidantes, além de aminoácidos e açúcares.

Sais minerais: magnésio, cálcio, potássio, ferro, cobre, manganês, zinco, estrôncio, sódio.

Vitaminas presentes: B1-tiamina, B2-riboflavina, B3-niacina, B5-ácido pantotênico.

Como as pessoas possuem características próprias, e isso é algo que também se manifesta no nosso metabolismo, esses fatores terminam determinando que o que faz bem para um, pode não fazer bem para o outro, afinal, nesses aspectos nós somos individualidades.

A OMS (Organização Mundial de Saúde) recomenda, para quem gosta e pode beber café, ingerir no decorrer do dia de uma a três xícaras. Segundo especialistas, essa quantidade pode prevenir enfermidades como depressão, cirrose hepática, diabetes tipo 2 (*mellitus*), cálculos biliares, entre outras.

O excesso de consumo de café pode provocar uma reação diurética e eliminar o mineral cálcio, afetando drasticamente a saúde dos ossos e momentaneamente aumentando a pressão arterial. Também aumenta as dosagens de hormônios que o organismo produz, além do descontrole de adrenalina e noradrenalina, fazendo com que a pessoa fique muito mais ativa, mais vigilante e passe a ter reações mais rápidas aos estímulos. Esses hormônios são produzidos quando a pessoa, por exemplo, leva um susto, tonando-se mais desperta e atenta.

O café contém uma substância chamada terpenoide, que está atrelada ao aumento dos níveis de colesterol. Pode desenvolver problemas de saúde, como, por exemplo, a doença fibrocística do seio, e deve ser evitado por quem tem gastrite e úlcera gastrointestinal porque eleva a produção do ácido clorídrico.

A cafeína é um estimulante da adrenalina, que faz a gente ficar mais alerta, com mais foco, e até aumentar o poder de concentração. Ela oferece benefícios para quem pratica exercícios físicos, pois tem uma ação termogênica, que contribui para melhorar a performance. Entretanto, os mesmos profissionais acham que, devido a cafeína ser um estimulante, e quando consumida acima das doses mencionadas, pode causar insônia, criar dependência e conduzir ao vício com um agravante: a descontinuidade da cafeína nessas situações pode causar sintomas de abstinência como fadiga, dor de cabeça, irritação, dificuldades para concentrar-se e rigidez muscular.

Ingerir café em excesso deposita gorduras nas artérias, lá elas se acumulam, formam crostas e impedem a passagem do sangue, o que pode contribuir para infarto ou derrame.

Café, chá-mate e chá preto não devem ser ingeridos antes de dormir. Mulheres grávidas também devem evitá-los.

Quantidade aproximada de cafeína contida em uma xícara (chá) de café:

- coado: entre 95 a 200 mg;
- instantâneo: entre 60 a 120 mg;
- expresso: entre 40 a 80 mg;
- descafeínado: a cafeína não é totalmente eliminada nesse tipo de café, sendo ainda encontrada em torno de 2 a 5 mg.

Ingerir 100 mg de cafeína por 15 a 20 dias consecutivos é o bastante para tornar-se dependente dela.

Para que possa saborear melhor o café, devemos ingeri-lo sem adição de açúcar, pois o açúcar é muito denso e termina por inibir o paladar e determinadas substâncias do café.

Relação cafeína x glaucoma: o inimigo número um do glaucoma é a cafeína. Isso porque ela aumenta a pressão intraocular. Além disso, o consumo excessivo de cafeína pode causar diversos efeitos negativos em algumas pessoas, como irritação, ansiedade, dor de cabeça e insônia.

Relação cafeína x álcool x tabaco: o álcool retém a cafeína e a teína (ambas são alcaloides e iguais) no organismo, enquanto o tabaco apressa sua eliminação (que é feita principalmente pela urina).

Evite fumar após ingerir café, chá-mate, chá preto e refrigerantes (especialmente os de tipo "cola"), pois a cafeína presente nesses alimentos aumenta a capacidade de os pulmões absorverem mais gás carbônico (CO^2) e, dessa forma, diminui-se a oxigenação do cérebro.

Beber café e usar tabaco depois de uma refeição irá corroborar para uma péssima digestão, pois eles aceleram a passagem de alimentos do estômago para o intestino, e isso não é bom, porque faz com que o intestino receba alimentos que não foram devidamente processados no estômago, dessa forma, no intestino, eles irão servir para alimentar bactérias ruins.

Ingerir líquidos durante as refeições: ainda com relação à digestão, é imprescindível a presença dos ácidos digestivos no estômago, uma vez que eles promovem a digestão. Mas, se a pessoa tem o hábito de consumir líquidos durante as refeições, isso compromete totalmente o processo digestivo, pois os líquidos varrem os ácidos do estômago, e, em consequência, esses alimentos permanecem por muito mais tempo no estômago, causando fermentações indevidas e às vezes até pútridas. Portanto, o certo é ingerir líquidos de 20 a 30 minutos antes das refeições ou 60 minutos depois. Caso tenha que ingerir algum líquido durante ou após as refeições, sem que comprometa a digestão, a quantidade máxima indicada é de até três dedos do líquido.

É assim, então, que funciona o processo digestivo. Transgredir essas leis implica lentamente sujeitar-se a doenças.

CANELA

(Cinnamomum zeylanicum)

Tem-se conhecimento da existência de quatro tipos de canela.

A canela é um termogênico igual ao gengibre e nesse aspecto, acelera o metabolismo, aumenta a temperatura do corpo e facilita a queima de gordura. Ela causa saciedade por muito mais tempo, o que é bom nos processos de emagrecimento.

Sua ação anti-inflamatória ajuda eficazmente a diminuir a inflamação dos tecidos, inclusive reduz a quantidade de celulite.

Estimula os batimentos cardíacos, é estimulante da digestão, com ação adstringente sobre as mucosas. Aumenta a secreção de leite, eleva a pressão sanguínea, melhora a circulação, elimina germes que atacam o couro cabeludo. É também utilizada contra gripes, resfriados, febres e no combate à hemorragia nasal.

Em sua composição contém fibras, flavonoides, que atuam como antioxidantes e que impedem a formação de placas nas paredes das artérias, e os carotenoides luteína e zeaxantina, que têm como função principal promover a saúde dos olhos, evitando a catarata e a degeneração macular.

Sais minerais: magnésio, manganês, cromo, zinco, ferro, cálcio, iodo.

O mineral cromo presente na canela, junto com seus compostos fenólicos, melhora a sensibilidade à insulina e o controle glicêmico.

Vitaminas: A-retinol, B3-niacina, B5-ácido pantotênico, B6-piridoxina.

Indicações terapêuticas

Açúcar no sangue

Ingerir uma colher (chá) de canela em pó na alimentação da manhã ajuda a reduzir até 25% dos níveis de açúcar no sangue.

Bactérias

O óleo essencial da canela é eficaz na inibição do desenvolvimento de bactérias, especialmente da Escherichia Coli, causadora de infecção urinária e diarreia.

Gripes e resfriados

Ferver uma colher (sopa) de cascas em uma xícara (chá) de água; tampar, deixar amornar e coar. Tomar uma xícara (chá) até 3 vezes durante o dia e sempre em espaços regulares.

Utilizado em difusores, evita que o vírus da gripe se espalhe pelo ar; pode-se deixar que a fumaça do chá quente se espalhe pelo ambiente.

Xarope de canela: ferver duas xícaras (chá) de água com duas colheres (sopa) rasas de canela em pau picada, por 5 minutos. Juntar quatro colheres (sopa) de rapadura ralada ou açúcar orgânico. Deixar ferver por mais 5 minutos. Depois de frio, coar. Pode ser utilizado misturando-se também guaco, agrião, gengibre e outras plantas, para tratamentos diversos, sob a forma de xarope.

Artrite

Cozinhar duas bananas no vapor por 5 minutos, em seguida deixá-las ficar de morna a fria, remover as cascas e regar com um pouco de mel e canela em pó. Ingerir uma vez pela manhã e outra à tarde.

Mau hálito

Fazer gargarejos com o chá da canela.

Sistema respiratório

Cozinhar bananas com a casca no sistema a vapor por 5 a 10 minutos, em seguida retirar do fogo, remover as respectivas cascas, regar com canela em pó. É ótimo antes, durante e depois de estados gripais.

Depressão, fadiga, tônico para o sistema respiratório e digestivo

Em forma de chá, pode-se ingerir de uma a três xícaras (chá) durante o dia. Se quiser, pode-se adoçar com uma colher (chá) de mel (atenção, se for diabético não utilize o mel).

Regular o ciclo menstrual

Mascar diariamente um pedacinho do pau de canela.

Esquentar o corpo em dias frios

Beber chá de canela.

Perda auditiva, tímpano rompido

Juntar uma colher de chá de mel e uma de canela em pó. Mexer bem e ingerir diariamente.

Usar também o óleo essencial de hortelã: diariamente embeber algodão com o óleo (sem encharcar) e colocar no orifício do ouvido. Deixar agir por 45 a 60 minutos.

CARÁ

(Dioscorea alata)

É uma trepadeira que produz tubérculos como batata. Muitas pessoas acham que cará e inhame são o mesmo produto, mas não, e essa diferença se percebe facilmente pelo formato de cada um. O que acontece é que o cará apropriou-se do nome do inhame (*Colocasia esculenta*) para ganhar a sua fama, que, aliás, é merecida pelo valor nutricional, ainda que seja inferior ao inhame nesse aspecto. O cará parece um antúrio e possui folhas em forma de coração, assim como a taioba, que é da mesma família e tem folhas maiores.

O cará tem carboidratos complexos, que são aqueles que não causam picos de glicose e insulina no sangue. E também contém fibras.

Sais minerais: cálcio, magnésio, potássio, fósforo, ferro.

Vitaminas: A-retinol, B1-tiamina, B2-riboflavina, B5-ácido pantotênico, B6-piridoxina e C-ácido ascórbico.

O cará é recomendado para os esportistas, convalescentes, idosos, crianças e mulheres grávidas, pois é bastante energético e é de rápida e fácil digestão, assim como o inhame. Em 100 g de cará cru há 97 calorias.

CARDAMOMO

(Elettaria cardamomum)

Essa especiaria tem casca verde e suas sementes são de cor marrom. É utilizada na culinária e apresenta bons resultados terapêuticos no combate de diversas enfermidades pela medicina natural.

Tem ação diurética, laxante, expectorante, descongestionante e antisséptica.

Em sua composição existem carboidratos, fibras, gorduras, proteínas e óleos essenciais.

O óleo essencial predominante no cardamomo é o cineol, utilizado com muita eficácia no combate de úlceras estomacais. Na medicina tradicional chinesa, o cardamomo também é utilizado para combater problemas no aparelho digestivo, como dores, vômitos, indigestão e enjoos.

Merecem destaque as suas sementes, que são possuidoras de substâncias que eliminam a bactéria Helicobacter Pylori (H. Pylori), benefício esse proporcionado pelo óleo cineol. Para esse tipo de problema, pode-se ingeri-lo em forma de cápsulas, ou mastigar as sementes – o equivalente a uma colher (chá) 2 vezes durante o dia.

O cardamomo auxilia na produção de saliva e na desintegração adequada das partículas de alimentos. Suas fibras auxiliam nos movimentos regulares do intestino e evitam a prisão de ventre. Além disso, contém vários óleos voláteis, que ajudam na prevenção de gases e no inchaço.

Sais minerais: potássio, cálcio, magnésio, ferro, fósforo, enxofre e sódio.

Vitaminas: A-retinol, B2-riboflavina, B3-niacina, C-ácido ascórbico.

Constituintes químicos do cardamomo: ácido acético, ácido fórmico, beta-felandreno, borneol, cineol, heptano, linalol, limoneno, mucilagens nitrogenadas, óleo essencial, sabineno, terpinol-acetato, terpinol.

Parte utilizada: sementes secas.

Indicações terapêuticas

Artrite, reumatismo, dores lombares, cólicas intestinais, carminativo (gases intestinais)

Chá, através da decocção das raízes. Pode-se ingerir de uma a três xícaras (chá) por dia.

Cabelos

O consumo de cardamomo protege os cabelos contra possíveis danos, proporciona cabelos fortes, brilhantes e nutre o couro cabeludo.

Vermes, bactérias, inchaço

Chá, sob a forma de decocção das sementes. Pode-se ingerir de uma a três xícaras (chá) durante o dia, sem adoçar.

Falta de autoconfiança, insegurança emocional

O cardamomo em pó age de forma contundente, proporcionando autoconfiança e segurança emocional. Consumi-lo com suco de pêssego adoçado com mel, ou com outros sucos como manga, abacate, açaí, banana, uva etc. Em cada preparação, adicionar uma colher (chá) do cardamomo em pó.

Depressão

O consumo em pó é ótimo para prevenir e combater processos depressivos.

Perda de apetite

Mastigar bem as sementes de cardamomo e ingeri-las. Outra indicação é adicionar o pó em sopas.

CATALÔNIA

(Cichorium intybus)

Suas folhas e talos contêm proteínas. É rica em fibras, que são fundamentais para manter a saúde dos intestinos, prevenindo e combatendo seus respectivos problemas. A catalônia também evita o excesso de açúcar no sangue e mantém o colesterol controlado. Promove remoção de toxinas e resíduos dos alimentos ingeridos diariamente.

Graças à grande presença de vitaminas do complexo B em combinação com os sais minerais, ela beneficia a visão, evita queda de cabelos, infecções da pele, do couro cabeludo, atua no metabolismo das proteínas, promove energia e tem efeito *detox*, após abuso na alimentação.

Sais minerais: cálcio, ferro, fósforo.

Vitaminas: A-retinol, B2-riboflavina, B3-niacina, B5--ácido pantotênico, C-ácido ascórbico, E-tocoferol.

Para obter esses resultados, habituar-se a comer 100 a 150 g constantemente.

Em razão do seu gosto amargo, aconselha-se cozinhá-la no vapor.

Em 100 g de catalônia há 28 calorias.

CEBOLA

(Allium cepa)

A cebola contém 22 aminoácidos essenciais, proteínas, 9 sais minerais, 8 vitaminas, sulfetos e quercetina.

Sais minerais: cálcio, selênio, iodo, ferro, fósforo, potássio, manganês, enxofre e sódio.

Vitaminas: A-retinol, B1-tiamina, B2-riboflavina, B3-niacina, B6-piridoxina, B9-ácido fólico, C-ácido ascórbico, E-tocoferol.

Ela atua como tônico cardíaco, principalmente a roxa. Além disso, é vermífuga, expectorante, laxante, alcalinizante, antibiótica, anti-hemorrágica e anti-inflamatória. Quando ingerida ao natural, combate varizes e hemorroidas. É indicada para abrir o apetite, regulariza enfermidades do estômago, é ótima contra prisão de ventre, inchaços de qualquer natureza, problemas de pele, garganta, ossos (reumatismo), intestino e, além disso, ainda é diurética.

Ela também depura o sangue e o fígado de substâncias tóxicas e aumenta a diurese. Rica em elementos protetores contra infecções, é o pior inimigo de vermes intestinais, eliminando, ao mesmo tempo, eventuais substâncias tóxicas pelos rins. Essas propriedades, no entanto, se perdem quando a cebola é cozida no sistema convencional.

Ótima contra cálculos biliares e elefantíase, a cebola remove ainda as obstruções das vísceras e limpa as vias respiratórias.

Comida crua temperada com vinagre natural de maçã é um dos maiores preventivos do infarto. Quando frita ou assada, ajuda a dissolver coágulos sanguíneos.

Cada 100 g de cebola contêm 10 mg de vitamina C, que aflora quando cozida por 3 a 5 minutos no vapor. Esse tipo de cozimento amacia as fibras do bulbo e, assim, é liberada a vitamina C. Isso se consegue apenas no cozimento a vapor.

O sulfeto alílico encontrado na cebola reduz o colesterol, a pressão sanguínea, fortalece o sistema imunológico, e reduz o risco de câncer. Obtêm-se esses benefícios comendo cebola crua temperada com vinagre natural de maçã, ou aquecendo-a no sistema de cozimento a vapor.

A quercetina é um flavonoide (compostos bioativos) que age na prevenção e combate de inflamações, protege e fortalece o sistema respiratório, previne e melhora os estados alérgicos, e exerce forte ação contra células cancerígenas. Essa substância tem presença mais forte nas cebolas roxas, as quais possuem também maior quantidade de hormônios e de substâncias antioxidantes. A cebola roxa é indicada para portadores de hipotireoidismo, condição em que a glândula tireoide produz pouco ou nenhum hormônio.

O hormônio testosterona tem seus índices aumentados naturalmente depois de 20 dias consumindo cebola crua ou o seu suco, e esses resultados são melhores obtidos com a cebola do tipo roxa.

Cebola contém melatonina (hormônio que promove o sono), notadamente a do tipo roxa, por isso introduza-a em sua dieta e nunca deixe faltar em suas saladas.

Uma curiosidade sobre por que, quando se corta cebola, os olhos ficam irritados e lacrimejantes, e o que fazer para evitar essa situação.

Ao cortarmos a cebola, suas células são rompidas, liberando algumas enzimas próprias da cebola, a que nossos olhos não estão acostumados, e, assim, causando o lacrimejamento.

Para evitar irritação nos olhos quando se corta cebola, basta pôr na ponta da faca um pedaço de pão (ele absorve boa parcela de cheiro e dos gases soltos), ou então colocar a cebola na geladeira por uns 10 minutos antes de cortá-la, ou, ainda, molhá-la em água fervente.

Um quilo de cebola corresponde, em valores nutricionais, a:

- 8 kg de vagem.
- 12 kg de alface (e a cebola não é anafrodisíaca).
- 360 g de carne (e a cebola não tem gorduras, nem colesterol, nem toxinas).
- 450 g de queijo fresco (e a cebola não contém gorduras nem quantidades excessivas de sódio).

Para quem sofre de acidez estomacal ou formação de gases, a cebola crua não é recomendada.

Indicações terapêuticas

Insônia

Picar a cebola e colocá-la dentro de um recipiente perfurado, encaixado dentro de outro liso (para recolher o líquido), e cozinhar a vapor. Esperar esfriar o líquido que ficou na travessa lisa. Após esfriar, ingeri-lo adoçado com mel, 1 hora antes de deitar-se.

Hemorragias nasais

Cebola crua, colocada sob o nariz, estanca hemorragias nasais.

Diabetes

Comer cebolas regularmente (evitar excesso).

Gota, artrite, artrose e reumatismo

Fazer suco de cebola e aipo (em quantidades iguais). Ingerir um a dois copos por dia.

Pedra nos rins

Cozinhar a cebola no vapor. Ingerir de uma a duas cebolas por dia.

Seborreia

Descascar cebola e centrifugar para extrair o seu suco. Lavar bem o cabelo, secar e aplicar o suco. A seborreia começará a desaparecer após o terceiro dia de uso.

Sinusite

Aplicar cebola ralada ou o seu suco misturado com argila no cano do nariz, testa e pescoço. Deixar agir por 45 a 60 minutos. Fazer inalações com o vinagre natural de maçã, na proporção de um litro de água fervente para duas colheres de (sopa) de vinagre.

Infarto e derrame

Como preventivo, ingerir cebola picada misturada a vinagre natural de maçã, 3 vezes por semana.

Bronquite

Misturar quantidades iguais de alho e de cebola em um pouco de água. Adicionar um limão sem casca e sem semente. Bater no liquidificador, coar e ingerir.

Picadas de abelhas, aranhas, vespas e outros

Preparar um suco de cebola. Com um chumaço de algodão, aplicar o suco sobre o local afetado e deixar agir.

Sinusite, asma, bronquite, tosse, gripe e resfriado

Consumir caldo de cebola adoçado com mel.

Melhorar as funções intestinais e eliminar toxinas

Comer cebola crua temperada com vinagre natural de maçã.

Remover cisco dos olhos

Cortar cebola com os olhos bem próximos a ela e permanecer assim por quanto tempo for necessário. Isso fará com que os olhos lacrimejem e o cisco seja eliminado junto com as lágrimas.

Hepatite A, B ou C

Remover a casca de três cebolas e depois cortá-las ao meio, em quatro partes. Colocá-las em uma panela com meio litro de água. Deixar cozinhar por 10 minutos em fogo baixo. Depois, acrescentar mais um copo de água e deixar no fogo por mais 5 minutos. Retirar do fogo, deixar amornar e coar. Beber uma xícara (chá) por quatro a seis vezes durante o dia.

CEBOLINHA

(Allium schoenoprasum)

Conhecida por proporcionar sabor aos alimentos, é muito poderosa pelo seu valor nutricional e propriedades medicinais, e nesses aspectos seus benefícios são intermináveis.

Devido a sua riqueza em compostos orgânicos, é capaz de agir na prevenção e combate ao câncer de estômago e colorretal (que afeta o intestino grosso e/ou o reto), evitando a progressão do tumor e combatendo os radicais livres.

Outro grande benefício da cebolinha é que ela estimula o organismo a produzir uma substância chamada glutationa, proteína que tem a capacidade de identificar toxinas e outras substâncias causadoras de câncer e eliminá-las.

A cebolinha também contém quercetina e outros flavonoides, que ajudam na proteção contra o câncer de mama, ovários e pulmões.

Contém fibras, proteínas, os carotenoides luteína e zeaxantina, que previnem e retardam o surgimento de catarata.

Outros benefícios advindos do consumo da cebolinha são fortalecer os ossos, evitar problemas digestivos, fortalecer o sistema imunológico, o coração, limpar a pele e fortalecer os cabelos.

Retardar o envelhecimento das células, agilizar os processos de cicatrização.

A cebolinha é um poderoso e perfeito antibiótico natural, anti-inflamatório, antibacteriano, antifúngico e anestésico natural.

Sais minerais: cálcio, magnésio, ferro, fósforo, manganês, potássio, zinco e sódio.

Vitaminas: A-retinol, B2-riboflavina, B3-niacina, B6-piridoxina, B9-ácido fólico, C-ácido ascórbico, K-naftoquinonas.

Consumo: recomenda-se comer de três a quatro hastes cruas por dia.

Valor calórico: uma colher (sopa) de cebolinha contém 1 caloria.

Indicações terapêuticas

Acnes, espinhas e pele seca

Preparar argila verde com o suco de cebolinha. Aplicar a pasta em todo o rosto para eliminar acnes, espinhas e hidratar a pele.

CENOURA

(Daucus carota)

É um alimento rico em um poderoso antioxidante chamado betacaroteno. Quando ingerido, o betacaroteno pode ser convertido em vitamina A-retinol, ou agir como um antioxidante para ajudar a proteger as células dos efeitos nocivos dos radicais livres. Geralmente 50% de toda vitamina A existente no nosso organismo provém da ingestão de betacaroteno, esse é o motivo pelo qual ele é considerado o precursor da vitamina A.

A cenoura é uma excelente fonte de vitamina A, que é um poderoso agente anticâncer e protetor das artérias. Fortalece o sistema imunológico e combate infecções.

O consumo constante do seu suco puro reduz o risco de infarto e o câncer de pulmão em fumantes. Além de ser um potente tônico do cérebro, diminui a incidência de doenças degenerativas da visão (catarata e degeneração macular) e de angina (dor no peito).

Uma cenoura por dia diminui em 68% os índices de derrame em mulheres. A sua fibra solúvel ajuda a diminuir o colesterol no sangue.

A cenoura também é um poderoso tônico da pele, tem ação antioxidante, é rica em carotenoides (substância que no organismo se transforma em vitamina A). Existem mais de seiscentas substâncias nessa família, e podemos citar algumas, como:

- Licopeno: o tomate, a melancia, a goiaba vermelha possuem tal coloração graças a essa substância. É eficaz contra tumores, principalmente o de próstata.
- Betacaroteno: transforma-se em vitamina A no nosso organismo. Evita doenças como a cegueira noturna.
- Alfacaroteno: também se transforma em vitamina A no nosso organismo e protege a pele contra os efeitos do sol. A cenoura é rica em carotenoides.
- Luteína: diminui o risco de câncer de cólon. O espinafre também é rico nesse componente.

Os carotenoides, sobretudo a criptoxantina, que dá coloração para frutas como mamão, nectarina etc., é capaz de evitar e combater doenças como artrite, que causa inflamações nas articulações. Na verdade, todos os carotenoides protegem o nosso organismo dos mais diversos males.

A cenoura possui também monoterpenos (agentes anticancerígenos).

Suas folhas possuem mais quantidade de vitamina do que a raiz e podem ser consumidas em forma de salada ou cozidas no vapor. Nunca raspe a cenoura, pois assim se elimina parte dos nutrientes que estão impregnados na sua pele. Lavar bem com água e bucha vegetal antes de consumi-la.

Minerais: cálcio, cobre, ferro, flúor, fósforo, iodo, potássio, enxofre, silício, magnésio, manganês, molibdênio, cloro e sódio.

Vitaminas: A-retinol, B1-tiamina, B2-riboflavina, B3-niacina, B5-ácido pantotênico. B9-ácido fólico, C-ácido ascórbico, D-calciferol, H-biotina, K-naftoquinonas (ótima para a coagulação sanguínea).

O caroteno, substância que dá coloração amarela aos vegetais, e no nosso organismo se transforma em vitamina A, só resiste por cerca de 10 minutos em fogo baixo no sistema convencional. Seus minerais perdem-se imediatamente. Lembre-se de que os legumes possuem vitaminas hidrossolúveis, isto é, perde-se tudo em contato com a água. A melhor maneira de prepará-los é no sistema a vapor, dessa forma eles são cozidos sem se adicionar água.

Quando a cenoura é centrifugada, obtemos o seu extrato, que nada mais é do que um leite de origem vegetal com três vezes mais nutrientes que o leite de origem animal, além de não conter lactose, gorduras, toxinas e colesterol.

Contém fibras, proteínas, carboidratos e gorduras.

Em 100 g de cenoura há 55 calorias.

Indicações terapêuticas

Anemia, asma, bronquite e úlcera

Fazer uso do suco de cenoura adoçado com uma colher (chá) de mel.

Memória fraca

Beber um copo do suco puro adoçado com uma colher (chá) de mel pela manhã, preferencialmente em jejum.

Erisipela, panarício, queimaduras, úlceras abertas (varicosas)

Uso externo: crua e ralada em forma de cataplasma, aplicar duas vezes ao dia no local afetado. Se quiser, após aplicar o cataplasma, cobrir a cenoura com argila verde, preparando a pasta com suco de cenoura. Deixar agir por 45 minutos.

Gases intestinais

Beber o suco evita os gases.

Amenorreia (ausência de menstruação)

Cozinhar de 15 a 20 g das sementes para um litro de água e tomar uma xícara (chá) 2 vezes ao dia.

Celulite

Tomar suco puro pela manhã previne e combate esse mal.

Nutrir a pele e melhorar o seu estado

Durante o verão, depois da praia, procurar beber pelo menos um copo de suco puro de cenoura por dia.

Queimaduras provenientes do sol

Cortar duas cenouras, colocá-las entre gazes e deixá-las sobre o local afetado por 25 a 30 minutos.

Bronquite

Centrifugar a cenoura e adoçar com mel (essa simples receita pode curar bronquite). Pode-se beber de um a dois copos durante o dia.

Aumentar a quantidade do leite materno

Centrifugar a cenoura e beber o suco adoçado com mel.

Prisão de ventre

O suco natural combate a prisão de ventre, além de favorecer o bom funcionamento do fígado.

Elefantíase

Misturar em quantidades iguais: cenoura e cebola, cruas e raladas, e adicionar argila verde. Preparar a pasta e aplicar sobre o local afetado. Deixar agir de uma hora e meia a 2 horas. Fazer aplicação 2 a 3 vezes ao dia.

Osteoporose

Preparar um suco com cenoura, folhas ou raízes de dente-de-leão ou folhas de nabo. Ingerir o suco imediatamente, um copo por dia. Inutilizar as sobras.

Estimular a produção de saliva

Ingerir o suco de cenoura ou comê-la naturalmente.

Evitar queda de cabelos e escurecê-los

Em um recipiente colocar uma cenoura picada bem fininha (com a casca), uma maçã da casca vermelha fatiada em tiras bem finas e um quarto de limão picadinho (com casca). Despejar por cima um litro de água fervente e abafar. Deixar em infusão até esfriar. Guardar o conteúdo na geladeira. No decorrer do dia, beber todo o chá. Repetir a receita a cada 20 dias.

Fortalecer o sistema imunológico, aumentar a disposição, combater gripes e resfriados

Passar na centrífuga uma unidade média de cenoura, dois dentes de alho (remover a pele), dois talos de salsão/aipo com as folhas, duas xícaras (café) de salsinha. Se quiser, pode-se adicionar gelo. Beber um copo pela manhã. Alimentar-se 15 a 20 minutos depois. Ingerir um copo a cada 2 dias. Se quiser adoçar, utilizar uma colher (chá) de mel; açúcar jamais. Preparar somente no momento que for ingerir.

CHIA

(Salvia hispânica)

Suas sementes são bem pequenas, porém, representam um alimento de grande valor nutricional.

A chia possui fibras solúveis, e é rica em proteínas e antioxidantes.

As fibras auxiliam o sistema digestivo e aumentam a saciedade, ajudando quem precisa emagrecer.

Contém duas vezes mais proteínas que a maioria dos grãos. É rica em ômega 3 (ácido alfa-linolênico), que ajuda a manter a saúde cardíaca perfeita.

Sais minerais: cálcio, magnésio, ferro, potássio, zinco e cobre.

Vitaminas: A-retinol, B1-tiamina, B2-riboflavina, B3-niacina e B12-cobalamina.

Contém cinco vezes mais cálcio que o leite de origem animal; não possui lactose, gordura saturada e não é indigesta.

O seu grande teor em ferro garante a formação de células vermelhas no sangue.

Cem gramas de chia equivalem a meio litro de leite de origem animal.

Dados divulgados pelo Departamento de Agricultura americano, o USDA National Nutrient Database, indicam que em 30 g de semente de chia há 138 calorias, 8 g de gordura, 12 g de carboidratos e 5 g de proteínas.

Isso quer dizer que uma pessoa que consome 30 g de chia diariamente estaria recebendo 18% das necessidades diárias de cálcio, 27% de fósforo, 30% de manganês, além de quantidades menores de potássio, zinco e cobre.

Outros benefícios da semente de chia: controla a pressão arterial, sendo uma poderosa fonte de antioxidantes. Evita o envelhecimento das células. Melhora a saúde intestinal.

O consumo de chia é indicado para crianças, adolescentes, adultos e gestantes.

No mercado brasileiro é encontrada em três versões: óleo, semente e farinha. A versão em óleo contém maior concentração de ômega 3.

O consumo indicado é de uma a duas colheres (sopa) por dia.

A rigor não existem contraindicações quanto ao consumo das sementes de chia. Porém, algumas pessoas não se dão bem e, quando for esse o caso, aconselha-se parar com o consumo.

Sempre tenha o cuidado de colocar as sementes de chia em um copo de água por uns 5 a 10 minutos antes de comê-las. É que ela absorve de 10 a 12 vezes o peso em líquidos. Se não estiverem encharcadas na hora de comer, podem expandir e causar bloqueios na garganta, e isso pode causar engasgos.

CHICÓRIA

(Cichorium intybus)

É uma planta de gosto amargo, mas que apresenta inúmeros benefícios para a saúde. Suas propriedades medicinais beneficiam o fígado, limpando-o e estimulando as suas funções. Nessa corrente de estímulos, são beneficiados o baço, estômago, intestino, a visão. Melhora o apetite, fortalece os dentes, ossos e cabelos, é tônica e laxante.

Os seus componentes principais são inulina, fibras, proteínas, carboidratos.

Sais minerais: potássio, ferro, cálcio, magnésio.

Vitaminas: A-retinol, B-6-piridoxina, C-ácido ascórbico.

Usa-se em saladas cruas ou em forma de suco, podendo ser misturada com cenoura, salsa e aipo. Dessa forma, melhora seus valores nutricionais.

A chicória é contraindicada para mulheres grávidas e pessoas com cálculo biliar.

Indicações terapêuticas

Amenorreia (ausência de menstruação), hemorroidas, problemas do útero e ovário

Ingeri-la crua, sob forma de salada, 1 a 2 vezes por dia no mínimo, por várias semanas, ou o seu suco natural (pela manhã).

Conjuntivite

Uso externo: fazer chá das flores ou folhas, sob a forma de infusão. Deixar o chá esfriar, preparar uma pasta com argila verde. Fechar bem os olhos e aplicar a pasta externamente. Deixar agir por 30 a 45 minutos. Remover a argila e lavar os olhos externamente com o chá frio. Pode-se fazer de duas a três aplicações durante o dia.

Hemorroidas, purificação dos rins, baço e vesícula biliar

Fazer suco de suas raízes na proporção de 20 g das raízes para meio litro de água. Manter sob refrigeração. Ingerir de duas a três colheres (sopa) por dia.

CHUCHU

(Sechium edule)

Tido por muitas pessoas como "sem gosto e sem graça", esse vegetal não deve ser subestimado, e vamos saber os motivos.

De baixo valor calórico, em 100 g há 19 calorias. Contém grande teor de água, fibras, proteínas, e não possui colesterol.

Suas fibras dietéticas ajudam nas funções intestinais e evitam excesso de açúcar no sangue, para quem é diabético. É um ótimo alimento, pois previne estados de hiper e hipoglicemia.

Pessoas com dificuldade de controle de peso e desequilíbrios como hipertireoidismo e hipotireoidismo têm no chuchu um ótimo aliado. Inclusive ele ajuda a manter estáveis os níveis de iodo.

Sais minerais: magnésio, cálcio, ferro, fósforo, zinco.

Vitaminas: A-retinol, B6-piridoxina, C-ácido ascórbico, K-naftoquinonas.

É utilizado na medicina popular para baixar a pressão, sendo que esse efeito ocorre graças as suas propriedades diuréticas. É também usado em pessoas com problemas nos rins.

Indicações terapêuticas

Hipertensão

Bater no liquidificador meio chuchu com casca em meio copo de água, coar e beber em seguida. Tomar de 1 a 3 vezes ao dia – manhã, tarde e noite. Outra boa opção é comer sempre chuchu preparado no vapor.

Fogacho (sensação de calor sentida na menopausa)

Ferver duas folhas de chuchu e uma colher (sopa) de erva-doce em uma xícara (chá) de água, por um minuto; tampar, deixar esfriar e coar. Tomar de três a quatro xícaras (chá) por dia, durante 10 dias.

COENTRO

(Coriandrum sativum)

É utilizado há mais de cinco mil anos. Conhecido como um virtuoso tempero, apresenta também inúmeros benefícios para a saúde, que vão desde a prevenção até a cura efetiva de doenças.

Se come ou já comeu coentro, com certeza, algum dia já se beneficiou ou continua se beneficiando de suas virtudes.

Seus ácidos orgânicos regulam os níveis de colesterol, controlam a pressão arterial, agem na prevenção e controle da diabetes. São calmantes, relaxantes, sedativos naturais e evitam estados de ansiedade.

Suas folhas e talos contêm proteínas, fibras, gorduras do bem (monoinsaturadas e poli-insaturadas) e carboidratos.

Sais minerais: magnésio, manganês, cálcio, ferro, potássio, zinco, cromo, sódio.

Vitaminas: A-retinol, B1-tiamina, B2-riboflavina, B3-niacina, B6-piridoxina, B9-ácido fólico, B12-cobalamina, C-ácido ascórbico, D-calciferol, E-tocoferol, K-naftoquinonas.

Em 100 gramas de coentro há 23 calorias.

A forma mais comum de consumo é usá-lo sobre sopas (depois de prontas), caldos e peixes.

Indicações terapêuticas

Toxinas, metais pesados, contaminação por produtos químicos, alergias

Durante a vida, ficamos expostos à ação de toxinas e metais pesados, e isso ocorre através da alimentação, como, por exemplo, peixes (mercúrio), outros tipos de carnes, água que não seja de boa procedência, ação de antitranspirantes, efeitos de fumaça provenientes do tabaco, sendo fumante ativo ou passivo, fumaça de outras procedências, inclusive de partículas oriundas da preparação de churrascos.

Outro fator que também afeta bastante o organismo são as tinturas utilizadas para colorir os cabelos.

Tudo isso acarreta enfermidades renais, cardíacas, emocionais, cerebrais, ossos frágeis, problemas respiratórios, pulmonares e até câncer.

Para auxiliar no combate a tais enfermidades, juntar sete sementes de coentro e quebrá-las. Adicionar um copo de água, deixar ferver por 3 a 5 minutos. Retirar do fogo, deixar ficar de morno a frio, coar e ingerir um copo diariamente por 7 dias consecutivos. O chá deve ser preparado somente no momento de beber. Não se pode adoçar.

A propósito, a contaminação por alumínio é combatida ingerindo-se diariamente uma colher (sopa) de vinagre natural de maçã diluída em uns dois dedos de água, sempre depois das refeições.

Excitação nervosa, irritabilidade, mau humor, dificuldade para dormir (insônia)

Consumir folhas de coentro frescas em forma de salada, mastigando-as bem, de forma a triturá-las completamente.

Bactericida

É um verdadeiro desodorante, agindo no estômago e intestino. Elimina bactérias, quando transpiramos, o que resulta na eliminação do mau odor, auxiliando as pessoas que sofrem com esse problema. Consumir diariamente boas quantidades de folhas de coentro em forma de salada.

Eliminar metais pesados

Preparar suco de coentro, limão, pepino e maçã: colocar num recipiente um punhado de folhas de coentro frescas (higienize antes), uma maçã da casca vermelha (higienize antes), um limão congelado com casca, meio pepino (japonês ou caipira) com a casca (higienize antes), passar tudo na centrífuga e beber imediatamente. Não adoçar. O ideal é beber esse composto por 30 a 40 dias. Durante o dia beber bastante água.

Fadiga e enxaqueca

Preparar tisana de coentro: ferver água e, então, acrescentar as ervas secas ou frescas, na proporção de uma a duas colheres de chá da erva para cada xícara de água; tampar o recipiente, deixar ferver por mais 3 a 5 minutos (em fogo baixo) e retirar do fogo. Após alguns minutos de repouso, coar e beber o chá, de preferência sem adoçá-lo. Consumir, em geral, três xícaras por dia.

Indigestão

Mastigar sementes de coentro após as refeições.

Conjuntivite

Preparar um suco bem forte de coentro utilizando as folhas e talos frescos. Preparar uma pasta utilizando argila verde e suco de coentro. Fechar bem os olhos e aplicar a pasta. Deixar agir por 30 a 45 minutos. Depois, remover a argila com água em temperatura ambiente. Pode-se fazer de duas a três aplicações durante o dia.

COMINHO

(Cuminum cyminum)

O cominho tem cheiro muito forte e é mais utilizado como tempero. Garante sabor para vários tipos de preparações de alimentos.

Em sua composição existem fibras, proteínas.

Sais minerais: ferro, fósforo, cálcio, magnésio.

Vitaminas: B2-riboflavina, B3-niacina, B6-piridoxina, C-ácido ascórbico, E-tocoferol.

A vitamina B6 é fundamental para a saúde do sono, pois faz a conversão do aminoácido triptofano em serotonina.

No combate à insônia, o cominho pode ajudar muito, uma vez que possui bons níveis de melatonina. Auxilia na digestão, inclusive possui uma substância chamada cuminaldehyde, que ativa as glândulas salivares e facilita a digestão dos alimentos. Aumenta o poder de memorização e é utilizado também no combate à amnésia.

É utilizado contra a anemia, devido um bom aporte do mineral ferro. Para este caso, consumi-lo ou tomá-lo sob forma de chá. Usado também contra problemas respiratórios e, para esses casos, pode-se ingeri-lo normalmente ou fazer inalação.

Tomar o seu chá com frequência reduz a produção de saliva na boca, além de ajudar na cura de possíveis feridas na boca.

O cominho possui baixo valor calórico, em 100 gramas há 20 calorias.

Indicações terapêuticas

Insônia

Comer uma banana regada com um pouco de cominho e mel, 1 hora antes de deitar-se, ou tomar o seu chá adoçado com mel, se não for diabético. Pode-se também, no jantar, comer cebola crua temperada com cominho.

E não se esqueça de evitar refrigerantes, principalmente os do tipo cola, guaraná em pó, excesso de chá-mate, chá preto, café e tudo que contenha cafeína.

Para preparar o chá de cominho, colocar 200 ml de água para ferver, despejar uma colher (chá) de cominho bem esmagado ou em pó. Tampar o recipiente e deixar em descanso por 15 minutos. Beber apenas uma xícara por dia.

Observações

- Tanto o chá quanto o cominho em sua forma natural devem ser evitados por mulheres que estejam grávidas ou amamentando.
- Não existem relatos de que ele seja prejudicial para hipertensos. Se for hipertenso e perceber alguma anormalidade, parar de consumi-lo imediatamente.

COUVE

(Brassica oleracea)

Essa hortaliça é um poderoso anti-inflamatório, de caráter preventivo. É antioxidante, antidepressiva, anticancerígena, vermífuga, além de exercer função cardioprotetora. Virtudes que vêm acompanhadas de uma certeza: deveríamos comer uma porção de couve de 3 a 5 vezes por semana, preferencialmente preparada no sistema de cozimento a vapor.

A couve é uma ótima e certeira opção para as pessoas que querem que o corpo descanse dos efeitos do consumo diário de carne, sem que, no entanto, o organismo sofra com deficiências de proteínas.

Quando o organismo é infectado por bactérias e fungos, o sistema imunológico contra-ataca, combatendo-os: a inflamação é uma resposta natural que tem como objetivo destruir os invasores. Acontece que muitas vezes essas inflamações são persistentes e podem inclusive se tornar crônicas, com remotas possibilidades de eliminação. Casos dessa natureza, além da medicação prescrita pelo médico, podem ser combatidos com alguns alimentos, em função de suas propriedades anti-inflamatórias e por acelerar o processo de cura e cicatrização, e a couve é uma das mais indicadas.

Sais minerais: cálcio, cobre, magnésio, manganês, enxofre, ferro, fósforo, potássio.

Uma xícara de couve cozida no vapor por 5 minutos tem 340 mg de cálcio, quantidade igual à encontrada em um copo de iogurte natural.

Em uma única folha de couve há mais ferro que em um bife e mais cálcio que em três copos de leite de origem animal. Além disso, não é indigesta, não contém lactose nem gorduras inadequadas para o organismo humano.

Vitaminas: A-retinol, B1-tiamina, B2-riboflavina, B3-niacina, B6-piridoxina, B9-ácido fólico C-ácido ascórbico, E-tocoferol, K-naftoquinonas.

Vegetais de folhas verde-escuras como couve-manteiga, brócolis, folha de beterraba e espinafre, funcionam como protetores naturais do cérebro por possuírem vitamina E, que é antioxidante e neutralizadora dos radicais livres, propriedades indispensáveis para prevenção de doenças e do envelhecimento precoce.

O consumo das folhas verde-escuras previne a arteriosclerose, já que são ricas em betacaroteno e vitamina C, conhecidos antioxidantes que impedem a fixação de colesterol ruim nas artérias e veias.

A vitamina B9-ácido fólico, encontrada nessa verdura, evita o infarto e o acidente vascular cerebral, além de impedir deformações em fetos.

A couve é rica em fibras, proteínas, e contém os ácidos graxos ômega 3 e 6. Uma porção de couve contém 123 ml de ômega 3 e 94,3 ml de ômega 6.

Ingerir fibras consiste em uma necessidade diária do corpo humano, e a couve oferece um bom aporte delas: uma porção média de couve garante 5% da ingestão diária recomendada. A carência de fibras determina inúmeras desordens no sistema digestivo.

Couve em forma de suco é desintoxicante, diurético (evita retenção de líquidos), combate anemia, artrite, artrose, úlceras gástricas, gastrite e alcoolismo, além de bócio e obesidade, decorrentes de disfunção da tireoide, graças à grande concentração de enxofre.

A couve cozida combina com cebola, cominho, molho branco ou de tomate.

Indicações terapêuticas

Alergias, pele irritada, gota e dores nevrálgicas, artrite, nervo ciático e dores reumáticas

Preparar compressas, cozinhando folhas de couve-manteiga (no vapor) por 5 a 10 minutos. Aplicar sobre o local afetado (uso tópico). Pode-se renovar de hora em hora.

Febre

Aplicar na cabeça do enfermo cataplasma de folhas de couve picadas com argila. Pode ser renovada várias vezes durante o dia.

Alcoolismo e cálculos renais

Fazer suco dos talos da couve. Ingerir um a dois copos por dia.

Bronquite, asma, tuberculose pulmonar e cálculos renais

Ingerir o suco pela manhã, em total jejum.

COUVE-FLOR

(Brassica oleracea)

A couve-flor possui uma combinação perfeita de sais minerais e proteínas que atuam na formação dos ossos, dentes e sangue. Previne a osteoporose, auxilia no restabelecimento de fraturas, e é um alimento de grande ajuda para os diabéticos, as crianças em formação, pessoas idosas e mulheres na fase da menopausa, pois combate problemas como irritação, depressão e fogacho.

A melhor forma de prepará-la é no sistema de cozimento a vapor, que mantém todo o seu valor nutricional.

Suas folhas também são saborosas e possuem nutrientes iguais ou até em maior quantidade que as flores.

Sais minerais: cálcio, magnésio, fósforo, enxofre, silício, ferro e cloro.

Vitaminas: B1-tiamina, B2-riboflavina, B5-ácido pantotênico, B7-biotina, B9-ácido fólico, C-ácido ascórbico.

A vitamina C é um antioxidante muito poderoso, eficaz no combate aos radicais livres. Reforça o sistema imunológico. Previne gripes e resfriados.

As vitaminas B1, B2, B5, B9 são verdadeiras aliadas do cérebro. Evitam problemas da pele, do aparelho digestivo; são também essenciais ao crescimento e evitam queda de cabelos.

Suas fibras melhoram o trânsito intestinal e proporcionam saciedade.

A couve-flor possui sulforafano, substância que nos protege contra o câncer e evita o crescimento e desenvolvimento das células cancerígenas de pulmão, mama, próstata e bexiga. Também reduz as chances de ataques cardíacos e derrames.

A couve-flor possui ação anti-inflamatória, mantendo o vaso sanguíneo flexível e eficiente. Diminui os riscos de doenças cerebrais degenerativas e também o envelhecimento celular.

Algumas pessoas têm a produção de gases aumentada após o seu consumo, e isso pode ser resolvido cozinhando-a no vapor ou, após ingeri-la, tomando chá de camomila ou funcho.

Pode ser consumida diariamente, cozida, refogada ou em forma de salada.

ERVILHA

(Pisum sativum)

Contém proteínas, fibras; é pobre em carboidratos, e quase não contém gorduras. Pode ser consumida por obesos e diabéticos.

Sais minerais: potássio, cálcio, magnésio, manganês, ferro, cobre, zinco e sódio.

Vitaminas: A-retinol, B2-riboflavina, B3-niacina, B5--ácido pantotênico, B6-piridoxina, B9-ácido fólico, C-ácido ascórbico, E-tocoferol, K-naftoquinonas.

A ervilha é uma fonte importante de vitamina E, além de não ser gordurosa, portanto, indicada para quem faz regimes. A vitamina E (somente dos alimentos) age como reguladora de hormônios, previne esterilidade (tanto masculina como feminina), câncer de mama e insuficiência cardíaca.

A melhor maneira de aproveitar seus nutrientes é prepará-la no vapor, pois seus sais minerais e vitaminas se diluem na água, sendo facilmente perdidos no cozimento convencional. Entretanto, quem faz hemodiálise ou tem problemas nos rins deve cozinhá-la por mais tempo, assim diminui ou quase elimina o seu teor de sódio.

Quem tem pressão alta deve evitar o consumo de ervilha em lata, pois contém muito sódio. Em 100 g de ervilhas frescas há 7 mg de sódio, enquando em ervilhas enlatadas há 150 mg de sódio.

ESCAROLA

(Cichorium endívia)

Uma verdadeira amiga de quem faz dieta.

Contém fibras e proteínas.

Sais minerais: cálcio, ferro, fósforo, magnésio, potássio, selênio e zinco.

O ferro presente na escarola faz parte da formação de hemoglobina, matéria corante dos glóbulos vermelhos do sangue, encarregada de levar oxigênio a todos os tecidos do organismo.

Vitaminas: A-retinol, B1-tiamina, B2-riboflavina, B3-niacina, B5-ácido pantotênico, B6-piridoxina, B9-ácido fólico, B12-cobalamina, C-ácido ascórbico, E-tocoferol e K-naftoquinonas.

Em 100 g de escarola há 43% de toda a vitamina A de que necessitamos diariamente.

Em 100 g de escarola há 37% do valor diário necessário de vitamina B9-ácido fólico, que é indispensável para as mulheres grávidas nos três primeiros meses de gestação, pois a deficiência dessa vitamina pode resultar em anomalias no tubo neural do bebê.

A presença da vitamina K na escarola é altíssima, e essa vitamina é fundamental para equilibrar a coagulação sanguínea, necessária para cessar sangramentos após ferimentos ou cortes.

Ela conta também com uma substância chamada kaempferol, que naturalmente inibe a ação de células de câncer no ovário. Essas células cancerígenas não resistem à ação do kaempferol e simplesmente morrem.

Enfim, a escarola é um poderoso antioxidante, depurativo do sangue, laxante e neutralizador de ácidos.

É recomendada para aumentar a resistência do corpo às infecções, principalmente do sistema respiratório, urinário e digestivo. É estimulante do apetite. Evita ressecamento da pele, formação de cálculos nos rins, bexiga, além de conservar e manter a atividade das glândulas.

Em 100 g de escarola há 18 calorias.

A melhor forma de consumir escarola indubitavelmente é sob a forma de salada ou levemente aquecida no sistema de cozimento a vapor. A escarola possui vitaminas lipossolúveis, que são eliminadas ao receber muito calor.

Se você come escarola na pizza, em recheio de tortas, esfirras ou outras formas semelhantes de preparo, esqueça, pois, dessa forma, jamais gozará de seus benefícios para a saúde. Assim preparada ela transforma-se em um cadáver vegetal.

ESPINAFRE

(Spinacea oleracea)

Possui propriedades antioxidantes e anticancerígenas.

Contém 4 vezes mais caroteno e 3 vezes mais luteína (ótimo para a visão) que o brócolis. Possui proteínas, gorduras e fibras que auxiliam no controle do colesterol.

Seus talos e raízes são estimulantes do pâncreas.

O espinafre é alcalinizante, antianêmico, laxante, mineralizante, cicatrizante, antiesclerosante, emenagogo (restaura o fluxo menstrual, quando ausente ou escasso).

Sais minerais: cálcio, cobre, ferro, fósforo, magnésio, manganês, potássio, zinco e sódio.

Em meia xícara de espinafre cozido no vapor há 170 mg de cálcio.

O magnésio contribui para baixar a pressão arterial.

Vitaminas: A-retinol, B1-tiamina, B2-riboflavina, B6-piridoxina, B9-ácido fólico, C-ácido ascórbico, E-tocoferol, K-naftoquinonas.

Depois de colhido, em 24 horas perde 50% de toda sua vitamina C.

O ácido fólico presente no espinafre contribui para manter o sistema cardiovascular em ordem. Estudos também têm demonstrado que o espinafre ajuda a manter a vitalidade do cérebro e a clareza mental.

A grande ingestão de espinafre pode causar efeitos tóxicos, em consequência da presença do ácido fítico e do ácido oxálico. Esses dois ácidos se ligam especialmente ao cálcio (derivado de queijos e outros laticínios), além do ferro e zinco, fazendo com que fiquem indisponíveis na absorção pelo organismo, sendo eliminados pelas fezes sem serem absorvidos.

O ácido oxálico pode desenvolver pedras nos rins e na vesícula quando ingerido simultaneamente com o cálcio derivado de queijo e outros laticínios.

Quando o espinafre é cozido no sistema de cozimento a vapor, os ácidos fítico e oxálico são praticamente eliminados.

A bactéria Escherichia coli (E.Coli), às vezes encontrada no espinafre, contamina-o, tornando-o impróprio para o consumo, pois causa sérios danos à saúde humana.

Cuidados que devemos ter na preparação e ingestão do espinafre:

- No sistema convencional, ao prepará-lo, deixar sempre coberto com água.
- A melhor maneira de prepará-lo é no sistema de cozimento a vapor.
- Após cozinhá-lo, retirar do recipiente e banhar o espinafre em água fria e corrente.

- Escorrer sem espremer.
- Reaquecer no sistema a vapor e ingerir.

Uma das maneiras de higienizar o espinafre é utilizar a substância hidrosteril.

O consumo de espinafre não é recomendado por alguns nutrólogos. Porém, para quem o consome, deve-se evitar o excesso e ficar atento aos cuidados com a sua preparação.

FEIJÃO

(Phaseolus vulgaris)

Existem em todo o planeta mais de mil espécies de feijões, os quais pertencem ao grupo das leguminosas.

É considerada a melhor fonte de proteínas vegetais e, por conter fibras solúveis e insolúveis, torna-se um dos poucos vegetais ricos dessas substâncias. O feijão também contém carboidratos de baixo índice glicêmico, é pobre em gorduras e não tem colesterol.

É um alimento perfeito e raro no controle do colesterol, além de potente preventivo do risco de câncer, diabetes e doenças cardíacas. Suas fibras evitam a constipação.

A população do Brasil a cada ano aumenta, mas o consumo de feijão, por sua vez, a cada ano diminui. Ao mesmo tempo, o número de pessoas com colesterol alto, diabetes e doenças cardíacas também cresce assustadoramente. Deixar de comer feijão é permitir o descontrole do colesterol, deixar de prevenir-se naturalmente de diabetes, de alguns tipos de câncer. E isso significa encurtar a vida. Isso é fato, é realidade; não é mito.

As mulheres que já passaram pela menopausa têm no feijão um forte aliado para reduzir riscos de câncer de mama.

O principal aminoácido do feijão é a lisina, que estimula o crescimento e as células do sistema imunológico, fortalecendo o corpo contra doenças.

Dentre os 30 principais alimentos mais poderosos em antioxidantes, 6 deles são feijões. Os feijões mais escuros, como, por exemplo, os pretos, são riquíssimos em antocianinas.

Sais minerais: ferro, cálcio, cobre, cromo, fósforo, enxofre, magnésio, manganês, molibdênio, potássio, zinco, sódio.

Por dia as mulheres adultas precisam diariamente de 25 mcg de cromo, e os homens de 35 mcg. A deficiência desse mineral provoca cansaço físico e mental, irritabilidade, alterações do humor, e aumento dos níveis de glicose e colesterol no sangue. Perceba que, se você tiver durante o dia uma alimentação com bons níveis de cromo, isso será suficiente para deixá-lo abastecido desse importante mineral e, assim, dificilmente você fará parte de estatísticas de pessoas com diabetes e colesterol alto.

Outras fontes de alimentos ricos em cromo: aveia crua, açaí, banana, cenoura (cozida no vapor), ovo (cozido ou *poché*), peito de frango.

Uma xícara de feijão contém 170 mg de cálcio.

Vitaminas: B1-tiamina, B2-riboflavina, B3-niacina, B9-ácido fólico, E-tocoferol.

A combinação de feijão com farinha de mandioca é muito mais rica que a de feijão com arroz branco. Outra mistura de grande valor biológico é feijão com farinha de milho.

O *feijão-verde* é diurético e age beneficamente no fígado, fortalecendo a sua função desintoxicante. Por isso e por sua ação sobre a bexiga, a urina é facilitada e as substâncias tóxicas são expulsas. Dissipa qualquer tipo de erisipela e coceiras alérgicas. Elimina também metais pesados, baixa a pressão arterial, elimina tumores e acaba com a sede. Harmoniza todos os órgãos e acalma a mente. Estimula os doze meridianos (baço, pulmão, vesícula biliar, intestino grosso, intestino delgado, fígado, rins, bexiga, estômago, circulação, coração, pericárdio). Para as mulheres é ótimo para as trompas, ovário e útero. Colocado no travesseiro, melhora a visão e a pressão; as dores de cabeça desaparecem. Para usá-lo como medicamento, deve-se descascá-lo. A farinha do feijão-verde dá mais energia. Para desintoxicação, colocar o feijão-verde na água morna (ele vai descascar-se), em seguida, liquidificar e misturar três colheres do líquido obtido em um copo de água. Tomar um copo 3 vezes ao dia (fica com cheiro de peixe). Tomando por uma semana, elimina-se a intoxicação.

O *feijão-preto* é o que contém mais hormônios. Tem função desintoxicante, além de fortificante e afrodisíaco. Para isso, colocar em um recipiente um copo de feijão-preto e meio copo de raízes de alcaçuz-da-europa. Adicionar três copos de água e ferver até reduzir a dois copos. Adultos devem tomar meio copo (3 vezes ao dia), e crianças três colheres de sopa (3 vezes ao dia). O efeito aparece geralmente de 1 a 2 dias. Pode-se continuar tomando por mais tempo, se necessário.

O feijão-vermelho atua na produção de sangue tanto no homem como para a mulher. Na mulher, acabado o período menstrual, ela pode repor o sangue eliminado comendo feijão-vermelho.

O feijão-de-vagem: se caracteriza por conter fitonutriente, que funciona como ótimo tônico do pâncreas. O pâncreas é o órgão responsável pela produção do hormônio insulina, que tem importante função no metabolismo dos açúcares.

O feijão-branco possui uma grande quantidade de uma proteína chamada faseolamina que, em processos de emagrecimento, atua como uma bloqueadora natural de carboidratos e açúcares, pois é capaz de reduzir de maneira significativa a ação da enzima alfa-amilase, enzima essa responsável pela quebra e digestão dos carboidratos (amido que, quando quebrado, também torna-se glicose, que será absorvida pelo organismo). Sem a ação dessa enzima, o organismo é incapaz de absorver as moléculas inteiras do amido e, assim, é eliminado naturalmente, sem acumular calorias, açúcares e gorduras no seu corpo. Os carboidratos, se não utilizados como fonte de energia, são acumulados como gordura localizada. Esse processo reduz em cerca de 20% a absorção de carboidratos, e também a absorção da glicose, o que em alguns casos pode significar uma eliminação de até 4% do peso em apenas 30 dias. Assim, é uma alternativa segura para as dietas de emagrecimento e para diabéticos que precisam diminuir a quantidade de açúcar circulante. Em forma de farinha, é um poderoso aliado nos processos de emagrecimento e na redução dos níveis de triglicérides do sangue. Ele deve ser triturado ou passado em processador ainda cru e peneirado; depois disso, guardar em vasilhas bem fechadas. O ideal seria fazer em pequenas quantidades para que essa farinha não perca suas propriedades, ou seja, não guardar por mais de um mês.

Pode-se consumir feijão diariamente ou em dias alternados.

O feijão deve ser evitado quando se faz uso de antidepressivos, pois sua alta fermentação pode elevar a pressão arterial e o risco de derrame e infarto.

Indicações terapêuticas

Nódulos nas mamas

Transformar feijão-vermelho em pó e misturar com óleo de gergelim (puro e cru, virgem) e argila verde. Aplicar a pasta sobre as mamas. Deixar agir por 30 minutos. Remover a argila durante o banho, com o auxílio de uma bucha vegetal. Essa aplicação poderá ser feita até desaparecerem os nódulos. Funciona também como preventivo.

Reumatismo

Transformar grãos de feijão-azuki em pó. Misturar com argila verde e adicionar água. Aplicar a pasta sobre os locais afetados. Deixar agir por 60 minutos. Fazer constantes aplicações.

Diabetes

Esmagar oito grãos de feijão-azuki, juntar 200 ml de água, deixar ferver por 10 minutos. Ingerir de uma a duas xícaras por dia.

Chá diurético

O feijão-verde é diurético e digestivo, controla o líquido do corpo e desintoxica. Age no fígado, estômago e bexiga. Esmagar dez grãos, juntar 200 ml de água, deixar ferver por 10 minutos. Ingerir de um a dois copos por dia.

Manchas na pele (em geral)

Essa receita natural pode ser utilizada no combate a qualquer tipo de manchas que se apresentarem na pele. Deixar o feijão-branco de molho em vinagre até que a pele se desprenda. Em seguida, colocar o feijão sem a pele para secar naturalmente. Quando estiver seco, moer até que se torne pó. Em um recipiente de vidro, misturar argila verde e o pó de feijão em quantidades iguais. Em seguida, vá adicionando óleo puro e cru de gergelim e, com o auxílio de um pequeno pincel, vá mexendo até formar uma pasta que fique com a textura de um gel. Aplicar a pasta sobre as manchas e deixar agir por 60 minutos. Em seguida, remover com água fria. Pode-se fazer uma aplicação diariamente ou em dias alternados.

A polpa do mamão papaia também é muito eficaz nesses casos, graças à presença do ácido ascórbico (vitamina C). Diariamente, aplicar sobre as manchas a polpa do mamão papaia maduro; não utilizar polpa gelada. Deixar agir por no mínimo 30 minutos, depois remover com água em temperatura ambiente ou no banho. Essa aplicação deve ser realizada em momentos diferentes do uso da argila (umas 2 horas depois).

GENGIBRE

(Zingiber officinale)

O sabor característico do gengibre e um dos principais responsáveis pelo seu valor medicinal é atribuído ao gingerol. Ao ser cozido, o gingerol transforma-se em zingerona, que tem sabor menos pungente e aroma picante e adocicado.

Quando o gengibre é seco, o gingerol sofre uma reação de desidratação, o que leva à formação de shogaol, que é duas vezes mais pungente que o gingerol. Por isso, o gengibre seco tem sabor bem mais pungente que o fresco.

Estudos com o gingerol mostraram que essa substância destrói células cancerígenas de ovário através da indução da apoptose, isto é, essas células se autodestroem.

Essa planta é muito eficaz no tratamento de diversas enfermidades, como náuseas, dores de cabeça, enxaqueca, gripes, resfriados, diarreias, dores de estômago, combate ao colesterol alto, doenças reumáticas, especialmente osteoartrose e artrite reumatoide. Também fortalece o sistema imunológico, ativa a circulação, estimula a mente, mantém a vitalidade em dia, aquece o corpo, é um poderoso anti-inflamatório e antibiótico natural e tem ação termogênica.

A ação termogênica do gengibre, ou seja, o fato de acelerar o metabolismo, faz com que essa planta seja uma importante aliada de quem busca emagrecer de forma saudável. Ele sacia a fome e queima gorduras, inclusive a localizada. Também é perfeito para desintoxicar o organismo.

O gengibre apresenta propriedades terapêuticas sobre o sistema digestivo, pois estimula a liberação de enzimas que promovem o esvaziamento do estômago.

Sais minerais: cálcio, cobre, ferro, lítio, magnésio, potássio, selênio e zinco.

Vitaminas: B3-niacina, B6-piridoxina, C-ácido ascórbico.

O gengibre é contraindicado para gestantes, pois pode provocar aborto ou pressão alta na gravidez, que é chamada de eclâmpsia.

Hipertensos não devem consumi-lo, pois acelera o metabolismo e pode causar descontrole da pressão arterial.

O gengibre possui propriedades que aceleram o sistema circulatório, porém, o consumo nestas condições altera a coagulação sanguínea e predispõe a sangramentos, portanto, não é aconselhável para hemofílicos e para quem tem problemas de coagulação.

Os fitoterápicos à base de gengibre podem interagir com três grupos de medicamentos: os bloqueadores de canal de cálcio, usados no tratamento de doenças cardíacas como a hipertensão; os hipoglicemiantes orais, usados em quadros de diabetes, e alguns anticoagulantes, usados em pessoas que passaram por cirurgias ou têm tendência à trombose.

Indicações terapêuticas

Asma, bronquite e catarro crônico

Fazer chá por decocção. Depois deixar esfriar ou tomar morno. Pode-se adoçar com mel. Tomar uma xícara, 3 vezes ao dia.

Enxaqueca, rouquidão, tosse, amigdalite, gripe

Colocar um pedaço de gengibre na boca e deixar por algum tempo. Mascar e engolir o sumo.

Xarope de gengibre

- Um limão cortado em rodelas.
- Um pedaço de gengibre ralado ou em rodelas.
- Mel puro.
- Um pote de vidro esterilizado.

Modo de preparo: em um pote de vidro colocar as rodelas de limão e o gengibre. Acrescentar mel, de modo que cubra todos os outros ingredientes. Tampar e deixar em local seco e ao abrigo da luz. Deixar descansar por 7 dias. A partir do oitavo dia já pode ser consumido. Manter sob refrigeração. É possível que ele fique mais grosso.

Chá de gengibre

- Um litro de água.
- Um pedaço de gengibre fresco, com 3 a 5 cm, descascado, esmagado ou ralado.

Em um litro de água, adicionar o gengibre fresco. Deixar ferver por 10 minutos em fogo baixo. Retirar do fogo, deixar amornar e coar antes de consumir.

Em casos de gripes e resfriados, pode-se adoçar com mel (exceto diabéticos).

Dores musculares e reumáticas, circulação e varizes

Ralar o gengibre, misturar argila verde e água aquecida. Aplicar a pasta sobre os locais afetados. Deixar agir por 30 minutos. Pode-se fazer aplicação diariamente. No caso de varizes, fazer compressas geladas.

Dores no corpo, dores reumáticas

Em 500 ml de vinagre natural de maçã, adicionar uma colher (sopa) de gengibre ralado, sem a pele. Deixar em descanso por 3 dias. Consumir uma colher (sopa) desse composto diluído em uns dois a três dedos de água, sempre depois das refeições.

Preparar tintura com uma colher (sopa) de gengibre ralado sem a pele; uma colher (sopa) de artemísia; uma colher (sopa) de arnica fresca picada; um litro de conhaque ou de álcool de cereais. Modo de preparo e uso: juntar tudo e deixar em descanso por sete dias. Fazer compressas ou massagens sobre o local da dor. Pode-se usar 2 a 3 vezes durante o dia.

Melhorar a disposição

Fazer um chá de gengibre e, quando estiver morno, adoçar com uma colher (chá) de mel. Pode-se ingerir duas xícaras (chá) durante o dia.

Náuseas, vômitos, enjoo e tratamento quimioterápico

Chá de gengibre ou mastigar um pedacinho de gengibre cru, sem a pele, é excelente contra náuseas e vômitos. Pessoas que fazem tratamentos quimioterápicos também são beneficiadas.

Obesidade

O gengibre é termogênico, isto é, acelera o metabolismo, reduz o apetite e potencializa a queima de gorduras.

Enxaqueca

Esmagar 30 g de gengibre e juntar com 500 ml de água. Deixar ferver por 10 a 15 minutos, em fogo médio. Ingerir de uma a duas xícaras (chá) por dia, sem adoçar. Preparar argila verde com o suco de batata inglesa. Aplicar a pasta na testa, nas têmporas e na nuca. Deixar agir por 60 minutos.

Outras formas de preparo

Água aromatizada de gengibre

- Um a dois litros de água.
- Um pedaço de gengibre fresco com 5 cm.

Modo de preparo: em uma jarra de vidro, colocar um a dois litros de água e um pedaço de gengibre fresco esmagado ou fatiado. Tampar o recipiente e deixar em descanso por 40 minutos.

Beber normalmente. Validade da água é de 2 horas.

Conserva de gengibre

- 500 g de gengibre sem a casca.
- Uma xícara de vinagre de arroz ou de maçã.
- Três colheres (sopa) de sal.
- Meia xícara de açúcar mascavo.

Modo de preparo: cortar o gengibre em fatias bem finas. Colocar as fatias em uma panela com água e cozinhar até que levante fervura. Depois, escorrer a água e deixar esfriar. Em outra panela, colocar o vinagre, o sal e o açúcar e levar ao fogo até ferver. Desligar e deixar esfriar. Quando estiver frio, misturar o gengibre com o líquido formado pelo vinagre, sal e açúcar (o gengibre deve ficar totalmente imerso no vinagre.) Tampar a panela e deixar curtir em temperatura ambiente por dois dias. Depois, acondicionar em vidros bem higienizados e manter sob refrigeração.

Validade: seis meses.

Observações: a conserva fica mais saborosa quando preparada com gengibre fresco. Pode ser usada em saladas, no arroz e até mesmo como aperitivo. Esta conserva não pode ser cozida.

GERGELIM

(Sesamum indicum)

São sementes pequenas que, porém, carregam em si nutrientes e uma série inédita de benefícios para a saúde humana, difícil até de acreditar.

Pela medicina tradicional chinesa, a função do gergelim é prevenir, nutrir, fortalecer o organismo e prolongar a vida.

Em se tratando de prevenção, incluem-se diabetes, câncer, ossos e coração, além de retardamento do processo de envelhecimento do corpo.

O gergelim é anti-inflamatório, bactericida, cicatrizante, desintoxicante, ativa a circulação sanguínea, lubrifica as articulações, deixa a pele suave e protege-a dos raios solares.

O gergelim contém em sua casca uma substância oleosa chamada linol. Esse óleo lubrifica e deixa as paredes dos intestinos úmidas, impedindo que resíduos intestinais fiquem impregnados em suas respectivas paredes.

Em sua composição também existem fibras, lignanas, enzimas, folato, proteínas, além de ser rico dos aminoácidos metionina e triptofano.

As proteínas do gergelim protegem os cabelos, evitam a queda e o branqueamento precoce.

Metionina e triptofano são dois aminoácidos essenciais, isto é, que não são produzidos pelo organismo e que devem ser adquiridos através de alimentos específicos.

O triptofano é o precursor do hormônio serotonina, que proporciona alegria, prazer e que também está ligado ao controle do apetite e da vontade de comer doces.

Folato: muitas pessoas e até alguns profissionais da área de saúde confundem ácido fólico com folato. Mesmo que ambos sejam oriundos da vitamina B9, a verdade é que aí temos duas substâncias distintas (nesta obra definimos o que é ácido fólico em levedo de cerveja). As principais funções do folato são:

- Sintetiza e promove a reparação do DNA.
- Promove a divisão e crescimento celular.
- Produz novas proteínas.
- Participa da formação de hemácias (eritrócitos ou glóbulos vermelhos).
- É necessário para a saúde cardiovascular e o sistema nervoso.

O gergelim possui poderosos antioxidantes chamados sesamina e lecitina, que são ótimos para as articulações. O ácido graxo sesamina é também um eficiente obstáculo para o desenvolvimento de células cancerígenas como de leucemia, câncer de cólon, próstata, mama, pulmão e pâncreas.

Ômegas presentes no gergelim: 3 (possui maior teor), 6 e 9, que regulam as prostaglandinas, necessárias para produzir hormônios sexuais.

O gergelim fortalece o cérebro, normaliza problemas menstruais, evita o ressecamento vaginal, produz energia intelectual, estimula e melhora a qualidade do leite materno, do esperma e as funções do intestino grosso e delgado; auxilia na formação e fortalecimento da medula, lubrifica as paredes intestinais, evita ressecamento das fezes deixando-as umedecidas.

Sais minerais: cálcio, magnésio, ferro, fósforo, manganês, zinco, cobre.

O magnésio é responsável por mais de trezentos processos do metabolismo. Inclusive controla a pressão arterial. Uma colher (sopa) de gergelim nos dá 25% do magnésio de que necessitamos por um dia.

Vitaminas: A-retinol, B1-tiamina, B3-niacina, B6-pirodoxina, B9-ácido fólico, E-tocoferol.

Existem dois tipos de gergelim, o preto e o branco. O gergelim preto auxilia as funções do fígado e dos rins. É riquíssimo em hormônios, tanto masculino como feminino. O gergelim branco auxilia funções dos pulmões (limpa e tonifica).

Podem-se ingerir cruas de uma a duas colheres (sopa) de gergelim diariamente, ou em dias alternados ou 3 vezes por semana. Pode-se adicioná-lo a sucos ou vitaminas.

O gergelim é encontrado também sob a forma de óleo e manteiga, que é chamado de Tahine. Seu consumo excessivo pode irritar o estômago e o cólon. Em teste de drogas, é possível aparecer uma pequena quantidade de THC (é o princípio ativo mais potente da maconha), caso tenha sido ingerido em quantidades extremamente excessivas.

Indicações terapêuticas

Unheiro ou panarício

Ao acordar pela manhã, e em jejum total, colocar na boca uma colher (sopa ou sobremesa) de gergelim preto e mastigar bem, aproveitando a saliva até transformar-se em uma pasta. Em seguida, envolver a região afetada com essa pasta. Cobrir com gaze e deixar agir por 3 a 5 horas. Dessa forma, a unha será curada sem que se corra o risco de perdê-la. Dar seguimento às aplicações.

Nódulos nas mamas

Em um recipiente de vidro colocar argila verde, e o equivalente a 30% de gergelim triturado/moído (triturar somente no momento que for preparar). Ir adicionando óleo de linhaça (puro e cru) e mexer até que se transforme em uma substância pastosa homogênea (deve ficar com a textura de um mingau). Aplicar o conteúdo pastoso sobre as duas mamas, deixando apenas os mamilos livres. Fazer de uma a duas aplicações durante o dia, deixando agir por 60 a 90 minutos.

GÉRMEN/ GERME DE TRIGO

Por meio da moagem do trigo puro, obtemos o gérmen de trigo, assim ele se apresenta natural e inalterado, cru ou tostado.

O gérmen de trigo é um dos alimentos mais completos de que se tem conhecimento (os brotos são ainda mais completos). Apresenta grande quantidade de prótidos (elemento químico), tem oito aminoácidos indispensáveis, cuja síntese o organismo não consegue realizar, grande quantidade de lipídios (gordura) e lecitina (denominação das substâncias fosforadas na gema do ovo, no cérebro, nos nervos; substância proveniente da ação do ácido glicerofosfórico sobre ácidos gordos), rico em fósforo, alimento base dos nossos tecidos nervosos. Além de possuir enzimas, que dão sustentação às células e possibilitam a assimilação de diversos compostos.

Contém proteínas, óleos, açúcar e amido, ácido nicotínico, ácido glutamínico (é raro, sendo um aminoácido de ação regeneradora sobre o sistema nervoso e o córtex. Este último é onde se supõe estar o centro de aprendizagem), além de um grande número de enzimas.

Sais minerais: fósforo, magnésio, manganês, zinco, potássio, cálcio, cobre, cobalto.

Vitaminas: A-retinol, B1-tiamina, B2-riboflavina, B5-ácido pantotênico, B6-piridoxina, B9-ácido fólico, B12-cobalamina, E-tocoferol, H-biotina, H1-ácido paraminobenzóico, K-naftoquinona.

O gérmen de trigo tem diversas indicações:

- Sistema nervoso (depressão, cansaço, esquizofrenia, analgésico, calmante natural; age sobre todos os distúrbios cerebrais, neuralgias).
- Tônico para o coração, os intestinos e o fígado (problemas cardíacos, prisão de ventre, varizes e má circulação).
- Olhos (prevenção da catarata).
- Pele (rugas, eczemas, acnes, espinhas, envelhecimento; previne de insolação e cancro).
- Cabelos (fortalece, combate seborreia, caspa e previne calvície).
- Dilata os capilares.
- Promove vigor físico e emocional (vitamina B6-piridoxina).
- Glândulas suprarrenais (estimula a secreção da cortisona natural que causa melhora nos casos de artrite, artrose, reumatismo, asma etc.).
- Neutraliza o colesterol.

- Equilibra os líquidos (retenção de água).
- Melhora o sono (pesadelos).
- Melhora e aumenta os glóbulos vermelhos (combate a anemia).
- Proporciona equilíbrio hormonal.
- Age no processo de crescimento.
- Evita coagulação do sangue.
- Traz alívio para cólicas e dores nas mamas, além de ser eficaz no combate às causas da TPM (Tensão Pré-Menstrual).
- Ajuda o cérebro na absorção de oxigênio.

Podemos usar o gérmen de trigo em tudo. Basta uma a duas colheres (sopa) durante o dia, associando a iogurte, sucos, vitaminas, sopas (depois de pronta), farofas, saladas, no pão integral.

O gérmen de trigo contém glúten.

Lembre-se: comer pão não significa estar ingerindo os nutrientes do trigo. O pão que é ingerido, simplesmente, pode não conter absolutamente nada do trigo (nutrientes), assim como é a maioria dos pães que encontramos por aí.

A farinha de trigo refinada, quando ingerida em excesso, pode ser prejudicial à saúde, pois torna o sangue mais alcalino, causando um descontrole no pH sanguíneo (relação ácido-alcalina).

Indicações terapêuticas

Osso trincado, fraturas

Para consolidar fraturas ou osso trincado em pessoas que não podem fazer cirurgia, principalmente idosos. Primeiro, ter certeza de que o local está na posição certa, ajustada. Depois, juntar uma colher (sopa) de sal e uma colher (sopa) de farinha de trigo. Adicionar um pouco de água e colocar para cozinhar em fogo baixo até formar um "mingau". Retirar do fogo e ir adicionando argila verde até formar uma pasta. Aplicar uma camada grossa (0,5 cm) sobre o local fraturado ou trincado. Deixar agir por 3 horas, período em que se deverá permanecer em repouso. Pode-se fazer de uma a três aplicações durante o dia.

Uma alimentação direcionada para esse tipo de problema se faz necessária, portanto, passe a ingerir alimentos ricos em proteínas (levedo de cerveja em cápsulas, castanha-de-caju, brotos germinados), em cálcio (brócolis, gergelim preto), além de comer durante o dia abacaxi fresco por 3 vezes (a bromelina ajuda a consolidar ossos) e tomar banhos de sol.

Beber diariamente de duas a três xícaras (chá) da planta cavalinha.

Afastar-se do tabaco/fumo, pois dificulta a oxigenação do local e a consequente consolidação óssea.

GIRASSOL

(Helianthus annuus)

Está totalmente enganado quem pensa que o girassol é apenas uma flor bonita que enfeita nossos jardins, ou que as suas sementes servem apenas para alimentar pássaros. A verdade é que nas suas sementes encontra-se uma série de nutrientes e propriedades medicinais capazes de prevenir e combater diversas enfermidades.

As sementes de girassol contêm ômegas 3, 6 e 9. São ricas em ácidos graxos poli-insaturados, que são produzidos somente por alguns vegetais e algumas frutas. Esses ácidos graxos combatem o colesterol nos vasos sanguíneos, o que deixa bastante evidente o grande poder dessas sementes.

O óleo dessas sementes possui grande quantidade de ácido linoleico, que ajuda a baixar a pressão arterial. Remove toxinas do sangue e fluidifica-o. Estimula as funções cardíacas. Tem também ação diurética, facilitando a eliminação de sódio pelo organismo.

Outros benefícios proporcionados pelo óleo de girassol são: combate dores de cabeça, bronquite, trombose, paralisia, artrose, eczema, úlceras do estômago, doenças do intestino, dos rins e dos nervos. Age prevenindo infarto, combate doenças degenerativas. Fixa os dentes frouxos, fortalece e protege as gengivas.

Sais minerais: cálcio, magnésio, potássio, zinco, cobalto, iodo, manganês, cobre e fósforo.

Vitaminas: A-retinol, B1-tiamina, B6-piridoxina, B12-cobalamina, C-ácido ascórbico, D-calciferol, E-tocoferol.

Pode-se consumir uma colher (sopa) de girassol diariamente, em saladas, vitaminas, lanches, iogurtes, molhos etc.

Chá de girassol

- Um litro de água.
- Duas colheres (sopa) de sementes de girassol.

Modo de preparo: juntar a água e as sementes de girassol. Deixar ferver por 5 a 10 minutos em fogo baixo. Retirar o recipiente do fogo e tampar por mais 15 a 20 minutos. Coar e, se quiser, pode-se manter sob refrigeração. Ingerir de duas a três xícaras (chá) durante o dia.

Indicações terapêuticas

Calmante

As sementes torradas e moídas podem ser usadas em substituição ao café. O sabor é bom e o efeito é excelente, pois age como calmante (ao contrário do café, que é estimulante e contém sessenta toxinas).

Piorreia (dentes frouxos)

Óleo puro e cru de girassol. Colocar dentro da boca uma colher (sobremesa ou sopa) do óleo (não é óleo comestível). Fazer bochechos ininterruptamente por 15 a 20 minutos. Decorrido esse tempo, cuspir um pouco da substância no vaso sanitário. Se ela estiver branca (cor de leite), pode-se cuspir o restante. Mas, caso a substância não esteja branca, continuar com os bochechos, pois o tempo foi insuficiente ou o procedimento não foi feito corretamente.

Evitar contato com a substância eliminada, seja com as mãos ou outras partes do corpo. Essa substância não pode ser ingerida em hipótese alguma. Após eliminá-la, lavar bem a boca várias vezes e escovar os dentes.

Devem ser feitos 3 bochechos durante o dia, sendo o primeiro pela manhã, em jejum.

Observações

- O líquido eliminado é venenoso (toxinas, bactérias etc.). O local em que for eliminado deve ser totalmente desinfetado.
- Essa prática também normaliza o sono, ativa e fortalece a memória, proporciona novo vigor físico, eliminando em consequência o cansaço.

Mau hálito

Proceder da forma indicada para piorreia, e escovar os dentes com a raspa de juá, pois ela é natural, não tem substâncias químicas e não é abrasiva, como muitos apregoam.

Fezes malcheirosas (esteatorreia)

Proceder da forma indicada para piorreia. Ingerir uma colher (sobremesa ou sopa) de azeite de oliva, preferencialmente pela manhã, em jejum. Alimentar-se 10 minutos depois. Repetir por 5 dias.

Ingerir uma colher (sopa) de vinagre natural de maçã sempre depois das refeições, por no mínimo 15 dias.

Essa terapia (piorreia) é indicada para qualquer tipo de câncer, se estiver com bactérias, vírus e doenças infectocontagiosas.

GRÃO-DE-BICO

(Cicer arietinum)

Tem-se conhecimento de duas espécies de grão-de-bico: uma chama-se Kabuli, que é cultivada e comercializada no Brasil; a outra se chama Desi, que é a espécie mais cultivada no mundo.

É energético, tônico, vitaminizante, mineralizante, diurético, emenagogo (regulariza a menstruação) e antidepressivo.

Possui fibras, carboidratos, proteínas e o aminoácido triptofano.

Endorfinas e triptofano: durante a prática frequente de atividades físicas por no mínimo 30 minutos (caminhar, pedalar, nadar, dançar etc.), a glândula hipófise libera maiores quantidades dos hormônios endorfina e em menor quantidade a serotonina.

As endorfinas são substâncias bioquímicas analgésicas, ou seja, trata-se de um analgésico natural do nosso corpo, que tem a sua produção potencializada com as atividades físicas. A função principal desse hormônio é evitar as dores, e ainda contribui regulando as nossas emoções. Ao ser liberada, ela traz relaxamento para o corpo inteiro, dando a sensação de prazer e bem-estar.

A liberação de endorfina é ótima principalmente para quem está em tratamento de depressões leves, ou muito sobrecarregado com as rotinas de trabalho. Isso porque ela ajuda a reduzir a ansiedade e o estresse, aliviando as tensões do dia a dia.

Uma forma de aumentar os níveis do hormônio serotonina é praticando diariamente alguma atividade física que seja prazerosa. A outra forma se processa através da ingestão de alimentos ricos em um aminoácido essencial chamado triptofano, que o organismo converte em serotonina, hormônio que promove alegria, relaxamento, bem-estar e confiança. A falta de serotonina está ligada a processos depressivos.

O ideal é que você utilize as duas formas paralelamente.

Outras fontes de triptofano: gergelim, sementes de abóbora, banana, abacate, peito de peru, caranguejo, camarão, feijão-preto, castanha-de-caju etc.

No grão-de-bico, destaca-se o alto teor do aminoácido triptofano. Pessoas que vivem tristonhas, sem algum motivo aparente, se introduzissem rotineiramente o grão-de-bico (triptofano) em sua alimentação, com certeza, estariam com melhor humor e não viveriam tão acabrunhadas.

Quando cozido, o grão-de-bico representa 20 a 25% do seu valor nutricional, e suas proteínas são mais valiosas do que as mesmas presentes em outras leguminosas. E ainda têm outra vantagem: essas proteínas são completamente digeríveis.

Sais minerais: fósforo, ferro, zinco, magnésio, potássio, cálcio, manganês.

Vitaminas: A-retinol, B1-tiamina, B2-riboflavina, B3-niacina, B9-ácido fólico, B12-cobalamina, C-ácido ascórbico, E-tocoferol, K-naftoquinonas.

Em 100 g de grão-de-bico há 121 calorias.

O grão-de-bico deve ser evitado por pessoas que tenham problemas nos rins (cálculos, quem faz hemodiálise etc.).

HORTELÃ

(Mentha)

É muito conhecida pela sua vasta utilização na culinária e também na medicina natural em caso de dor de cabeça, náusea, enjoo, cólica menstrual, má digestão, colesterol alto, gripe, resfriado, verme e também para o fortalecimento do sistema imunológico. É utilizada na preparação de alimentos, em inúmeros tipos de sucos, chás, entre outros.

Sais minerais: cálcio, magnésio, ferro, fósforo, potássio, zinco, sódio.

Vitaminas: A-retinol, B1-tiamina, B2-riboflavina, B3-niacina, B6-piridoxina, B9-ácido fólico, B12-cobalamina, C-ácido ascórbico, D-calciferol.

Indicações terapêuticas

Cólicas menstruais, gripes, náuseas, enjoos, dor de cabeça, ansiedade

---

Preparar um chá sob a forma de infusão. Despejar uma xícara (chá) de água fervente sobre cinco a sete folhas de hortelã. Tampar o recipiente e deixar abafado por 15 minutos.

Beber o chá 2 a 3 vezes ao dia. Em caso de ansiedade, adoçar com mel quando estiver morno.

Má digestão

Beber o chá morno depois das refeições.

Colesterol alto, vermes (amebas, oxiúros), fortalecer sistema imunológico

Em um litro de água, adicionar uma colher (sopa) das folhas de hortelã (picadas). Deixar em descanso por 40 minutos. Depois é só beber. Se quiser, colocar pedras de gelo. Pode-se manter sob refrigeração.

INHAME

(Dioscorea spp)

Esse tipo de inhame tem como maior produtora no Brasil a região Nordeste. Ele é grosso e comprido, tem casca fina, com tom amarronzado, e sua polpa é branca. Não confunda esse tipo de inhame com o seu primo cará, ou com o japonês, chamado taro (*Colocasia esculenta*).

O inhame é um produto com grande valor energético, rico em carboidratos complexos, proteínas, fibras e pobre em gorduras.

Sais minerais: cálcio, ferro e fósforo.

Vitaminas: B1-tiamina, B3-niacina, B5-ácido pantotênico, C-ácido ascórbico.

É um poderoso depurativo do sangue, tonificante da pele (combate acnes, espinhas e cravos), e combate estados infecciosos (até mesmo dengue). Fortalece os ossos e é um poderoso antibiótico.

O inhame, assim como os brotos germinados deveriam fazer parte do início da alimentação sólida dos bebês. Isso em virtude do seu alto valor em vitamina B1, em proteínas e por ser um excelente energético.

Comer constantemente inhame reforça e estimula todo o sistema imunológico, nos deixa mais fortalecidos contra a malária, dengue, doenças infecciosas, vírus, gripes, estresse, cansaço físico e mental, e age evitando inflamações nos gânglios linfáticos.

Os gânglios linfáticos têm funções específicas para defender o nosso sistema imunológico:

- Filtram a linfa de substâncias estranhas e as destroem, exemplos: bactérias e células cancerígenas.
- Produzem glóbulos brancos, como linfócitos e células plasmáticas, encarregados de eliminar substâncias nocivas.

A maior concentração de gânglios linfáticos está nos seguintes locais:

- Pescoço: estão localizados nas laterais do pescoço. Se ficarem inchados, isso pode significar garganta ou amígdalas inflamadas, ou infecção em um dente.
- Clavícula: quando estão aumentados, isso pode significar infecções nos pulmões, mamas ou pescoço.
- Axilas: quando inflamados, isso pode ser sinal de uma infecção na mão, ou no braço, ou até mesmo um câncer de mama.
- Virilha: quando inflamados, pode ser devido à infecção na perna, no pé ou nos órgãos sexuais.

Quando algum destes grupos de gânglios está tentando combater uma infecção ou inflamação, é notório sentir que o local fica dolorido, quente e surgem pequenos inchaços por debaixo da pele.

Em geral os gânglios linfáticos inflamados voltam ao normal depois de três a quatro dias, o que significa que ocorreu a cura. Mas, se ficarem aumentados por mais de uma semana, é indicado consultar um clínico geral, pois pode haver algum problema sério, como câncer, que deve ser identificado precocemente e combatido.

O consumo constante de inhame, alcaçuz, algas, cogumelo japonês *shitake* e beterraba evita e fortalece o corpo contra doenças provocadas por qualquer tipo de vírus. Nesse caso, devemos consumir o inhame e a beterraba 3 a 5 vezes por semana, sempre preparados no sistema de cozimento a vapor.

Esse alimento funcional contém um fito-hormônio chamado diosgenina, que é utilizado largamente pela indústria farmacêutica. Pois bem, em virtude de uma série de reações enzimáticas, a diosgenina, que é um tipo de saponina (substância também presente no guaraná), no nosso organismo, pode ser convertida em hormônios como estrogênio, progesterona, aldosterona e cortisol.

Na realidade, o inhame é um repositor hormonal natural por excelência, e desde que a terapia de reposição hormonal, com o uso de estrogênio sintético, deixou evidente os riscos do desenvolvimento de enfermidades como câncer, osteoporose e doença de Alzheimer, vários tipos de tratamentos alternativos surgiram e vêm sendo pesquisados, dentre eles, o uso da diosgenina, que se tem destacado pelo potencial fitoestrogênico.

O inhame, como repositor hormonal, age beneficamente tanto em casos de menopausa como de andropausa, além de aumentar a fertilidade masculina e feminina, fato que já era de conhecimento dos indígenas.

Além de tudo isso, ele possui três substâncias fantásticas e poderosas presentes em um mesmo alimento: os bioflavonoides – que bloqueiam os receptores de hormônios estimulantes do câncer; os esteróis – os esteróis de origem vegetal, no organismo, são transformados em vitamina D e estimulam a diferenciação celular (as células malignas são indiferenciadas). Também reduzem os níveis do colesterol ruim (LDL); os monoterpenos – antioxidantes estimulantes da produção de enzimas anticancerígenas, ou seja, previnem o câncer.

Indicações terapêuticas

Furúnculos, espinhas, farpas etc.

Emplastro puxa-tudo: ralar inhame sem casca e misturar com 10% de gengibre ralado com casca e farinha de trigo, até dar liga. Aplicar sobre a pele e cobrir com gaze ou pano fino. Retirar com água morna, quando estiver seco (demora mais ou menos 3 horas para secar).

Anemia, deficiência de cálcio, ferro, fósforo, estados de convalescença, reforçando a parte imunológica, no combate a vírus e preventivo do câncer

Ingerir inhame 3 a 5 vezes por semana (se ele for preparado no sistema de cozimento a vapor, melhor ainda).

Viroses e infecções causadas por vírus

O consumo constante de inhame, alcaçuz, algas marinhas (Clorella, Spirulina), *shitake* (cogumelo japonês) e beterraba (inclusive as folhas) previne e nos deixa fortalecidos contra doenças provocadas por qualquer tipo de vírus. Neste caso, devemos consumir o inhame e a beterraba 2 a 5 vezes por semana e sempre preparados no sistema de cozimento a vapor: devem ser cozidos sem adição de água. O inhame deve ser cozido com a casca, a qual deve ser removida no momento de ser ingerida.

Repositor hormonal

Em sucos ou vitaminas: adicionar um pedaço de inhame cru (mais ou menos 1 cm x 1 cm), bater bem no liquidificador e ingerir no período da manhã (não adoçar com açúcar).

Purê de inhame: cozinhar o inhame no vapor (sem adição de água), desprender a casca e amassar a polpa com o auxílio de um garfo.

Quanto a temperos para realçar o seu sabor, fica por conta de quem for prepará-lo.

LENTILHA

Existem três tipos de lentilha: verde, vermelha e marrom.

A lentilha é fortificante, combate anemia, é ótima durante o período de amamentação, pois melhora substancialmente a qualidade do leite materno. É indicada também para quem tem perdas de sangue durante o processo menstrual, úlcera péptica.

Sais minerais: ferro, cálcio, magnésio, fósforo, potássio, zinco, cobre, enxofre, sódio.

Vitaminas: B1-tiamina, B2-riboflavina, B9-ácido fólico, C-ácido ascórbico.

Em sua composição, ela tem 24% de proteínas, 57% de carboidratos, fibras e não possui nenhuma gordura, isto é, 0% de gordura.

O fato curioso é que, ao se fazer uso da lentilha com carnes embutidas, como linguiça, salame, salsicha, entre outros, eleva-se o teor de gordura e sal existentes nesses alimentos, o que não é bom para a saúde.

A lentilha possui enxofre e, se quiser eliminá-lo, deixar, antes de cozinhar, de molho por 2 horas com água quente ou por 12 horas em água em temperatura ambiente.

A lentilha é nutriente, exerce função antianêmica, antidiarreica, energética, anti-inflamatória, neurotônica, vitaminizante, mineralizante.

Todo o seu valor nutricional e propriedades medicinais são mais potencializados quando se ingerem seus brotos, daí o seu resultado terapêutico é mais eficaz e mais rápido.

Indicações terapêuticas

Anemia

Possui grande quantidade de ferro, além de cobre e vitamina B9-ácido fólico, que aumenta a produção de hemácias no sangue.

Colesterol

Suas fibras juntam-se ao colesterol encontrado em outros alimentos e elimina-o através das fezes, levando junto ácidos biliares que iriam servir de matéria-prima para o organismo produzir colesterol.

Diabetes

Mesmo possuindo alto índice de carboidratos, perceba que ela libera lentamente as moléculas de glicose no intestino, dessa forma, acaba por não causar a elevação exagerada do nível de açúcar no sangue.

Prisão de ventre, intestino preso

Devido a um bom aporte de fibras presentes em sua composição, ela contribui eficazmente estimulando os movimentos peristálticos no intestino.

Gravidez

A forte presença do ferro e de vitamina B9-ácido fólico na lentilha é fundamental para as mulheres grávidas, pois elas encontram aí o ferro de que necessitam, evitando a sua carência e a possível anemia, além de contribuir para evitar deformações no sistema nervoso do feto.

LEVEDO DE CERVEJA

(Saccharomyces cerevisiae)

São fungos unicelulares (constituídos por uma única célula), sendo o resultado do processo de fermentação natural da cevada.

O levedo de cerveja, as algas marinhas e os cereais germinados equivalem-se em termos de riqueza nutricional.

Levedo de cerveja, castanha-de-caju e brotos germinados equivalem-se em proteínas com as de origem animal, sem apresentar os inconvenientes das gorduras deste, que podem ser sinônimo de colesterol.

O melhor filé de gado bovino contém 23% de proteínas nobres, enquanto o levedo, de 48 a 50%, com a vantagem de possuir apenas 3% de gorduras. Além disso, o valor biológico da proteína do levedo é de 88%, enquanto a carne de vitela tem 82% e a clara de ovo 97%.

Esse alimento de valor incontestável é ótimo para as mulheres grávidas, em fase de amamentação, para os adultos, idosos e crianças.

A partir de 1 ano de idade, crianças podem consumi-lo em pequeninas doses (meia colher de café por dia). Elas serão beneficiadas porque recebem um alimento que lhes aumenta o apetite, proporciona sono tranquilo, protege-as de erupções de pele, assaduras e urticárias.

É eficaz no combate ao câncer do fígado, e também usado na medicina no combate à hepatite, graças à presença do mineral selênio, que tem como uma das funções regenerar o fígado.

É eficaz na correção de problemas digestivos, artrite, artrose, gota, reumatismo.

Em casos de anemia e obesidade, ingerir 15 minutos antes das refeições.

Consumir levedo de cerveja diariamente também evita cabelos brancos e pode contribuir para que eles readquiram a sua coloração natural, graças à ação da vitamina B5-ácido pantotênico.

Melhora consideravelmente o metabolismo de carboidratos, gorduras e proteínas, aumentando a energia e a disposição. Fortalece o sistema nervoso. Mantém diversos tecidos saudáveis: pele, cabelo, olhos e boca.

Sais minerais: em torno de catorze minerais, como, por exemplo, ferro, fósforo, cobre, cromo, potássio, magnésio, cálcio, selênio, zinco.

O cromo exerce vital importância na prevenção do diabetes: ajuda a manter os níveis sanguíneos de glicose no sangue e evita a compulsão por doces.

O selênio protege-nos de danos no fígado, incluindo-se aí certas necroses como as causadas por alguns metais e venenos.

Possui quase todas as vitaminas, perfazendo um total de dezessete. Contém a maior concentração de vitaminas do complexo B em um único alimento.

Vitaminas: A-retinol, B1-tiamina, B2-riboflavina, B3-niacina, B5-ácido pantotênico, B6-piridoxina, B7-biotina, B9-ácido fólico, C-ácido ascórbico, D-calciferol, E-tocoferol.

Em 16 g de levedo de cerveja há 626 mcg de ácido fólico.

O levedo de cerveja não contém vitamina B12, a menos que tenha sido adicionada. Fungos não produzem a aludida vitamina.

Contém fibras, ácidos, dezesseis aminoácidos e inositol.

Ácidos: ácido aspártico, ácido glutâmico, ácido paraminobenzoico, ácido lipoico.

Aminoácidos: lisina, triptofano, leucina, histidina, arginina, alanina, fenilalanina, cistina, metionina, glicina, isoleucina, tirosina, prolina, valina, serina, treonina.

Um estudo da Universidade de Maryland (EUA) descobriu que a deficiência do aminoácido lisina não permite um adequado crescimento da cartilagem, quando ela está danificada. Segundo esse estudo, é preciso reforçar o consumo de lisina para manter e favorecer a recuperação da cartilagem. Outras fontes de lisina: carne de veado, abacate, nozes, melão, batata-doce.

Além da lisina, existem outros nutrientes muito importantes para o processo de restauração da cartilagem, como, por exemplo, a vitamina C, que estimula a produção de colágeno, sendo extremamente importante na construção de tendões e ligamentos.

Inositol: é indispensável ao nosso corpo para a formação de células saudáveis. É conhecido como uma vitamina do complexo B, embora não seja precisamente uma vitamina, e, sim, uma pseudovitamina, por ser prevalente na dieta e importante para o corpo.

O levedo de cerveja é encontrado em pó, flocos ou cápsulas.

Pó ou flocos: podem ser ingeridos com água, sucos, vitaminas, sopas etc.

Recomenda-se consumir diariamente de uma a duas colheres (sopa) para adultos.

Não se deve submetê-lo a altas temperaturas. Às vezes, o consumo do levedo de cerveja, no início, tende a prender o intestino, porém, logo as suas funções são normalizadas.

Levedo de cerveja não contém glúten.

Se frequentemente sofrer com candidíase ou outras questões que envolvam fungos, evite-o.

Café de cevada: ferver uma xícara (chá) de água e adicionar uma colher (sopa) de cevada torrada e moída. Desligar o fogo, tampar a panela, esperar 2 minutos e passar pelo coador.

Indicações terapêuticas

Cravos e espinhas

Cozinhar um punhado de cevada em meio litro de água. Lavar o rosto com a água da cevada, quando já estiver fria. Deixar agir de 20 a 30 minutos e depois enxaguar com água gelada. Essa aplicação, feita periodicamente, garante uma pele livre de cravos e espinhas.

LINHAÇA

(Linum usitatissimum)

Existem três espécies de linhaça: marrom, dourada e branca, que não é consumida por ser pobre em nutrientes e por apresentar substâncias tóxicas. Portanto, para o consumo humano, devem-se usar as variedades marrom e dourada.

Com referência a sua cor, ela é determinada pela quantidade de pigmentos existentes no revestimento externo da semente, o qual é determinado por fatores genéticos e ambientais.

A semente de linhaça é um alimento de origem vegetal que contém ômegas 3 (em maior quantidade), 6 e 9. Contém entre 10% e 30% de fibras insolúveis, proteínas e compostos fenólicos, dezoito aminoácidos (sendo oito essenciais) e, também, lignanas, que protegem de alguns tipos de câncer, notadamente de mama e cólon.

Sais minerais: cálcio, cobre, ferro, fósforo, magnésio, manganês, potássio, zinco.

Vitaminas: A-retinol, B1-tiamina, B5-ácido pantotênico, B6-pirodoxina, E-tocoferol.

Possui ácidos graxos, óleos essenciais e gorduras que o organismo não produz e dos quais necessitamos. Essas gorduras vegetais, de que a linhaça está impregnada, são indispensáveis para a produção, manutenção e equilíbrio de hormônios, assim como para a síntese e integridade celular. A linhaça produz e mantém hormônios, daí a necessidade de obtê-los por meio da alimentação.

Apesar de ser divulgado pela mídia e até por alguns profissionais que a linhaça dourada é superior à marrom, isso não se comprovou nas pesquisas efetivadas em vários países (França, EUA, Brasil e Alemanha); essas sementes e seus respectivos óleos apresentaram bastante semelhança com relação as suas principais propriedades investigadas. Porém, as diferenças encontradas foram mais favoráveis à espécie marrom, tanto nas sementes como no óleo, que apresentou maior teor de ômega 3, tocoferóis, maior capacidade antioxidante e lignanas.

- A semente de linhaça tem ação anti-inflamatória, cicatrizante, laxante e vitamínica. Fortalece a visão, combate alergias e inflamações, desenvolve funções do cérebro.
- Para os diabéticos, ajuda a baixar a exigência de insulina. É ótima para quem está com colesterol e triglicérides altos.
- Ajuda a dissolver tumores e regulariza as funções intestinais. Previne a arteriosclerose (entupimento das artérias), doenças cardíacas e vasculares, reumatismo, artrite, artrose, gota, câncer de mama e de próstata.

Os ômegas agem na proteção ao coração, no fortalecimento do sistema imunológico, e auxiliam no combate à depressão.

Lignanas é um fitoquímico que se assemelha com o estrógeno. Está presente em concentrações altíssimas na semente de linhaça, e, em seguida, no gergelim e no grão-de-bico, fazendo parte da sua parede celular. Essa substância fica impregnada na película oleosa que reveste essas sementes e também em alguns grãos integrais. Mas, se tais produtos passarem por processos de refinamento, automaticamente as lignanas serão removidas.

As lignanas protegem as mulheres contra o desenvolvimento de tumores nas mamas, miomas uterinos, no combate aos sintomas da menopausa. É também um repositor hormonal natural, sendo provavelmente o maior responsável pela produção e harmonização dos hormônios. Também combate o desenvolvimento de tumores da próstata e pode eliminar o aparecimento de algumas doenças hereditárias degenerativas.

Na verdade, o estrogênio é um hormônio com capacidade proliferativa e que, em altas quantidades, aumenta o risco de certos tipos de câncer, como o de mama. Mas, quando as lignanas se ligam aos receptores de estrogênio nas células, esse hormônio fica impossibilitado de exercer esses efeitos.

Nos seres humanos, as lignanas são metabolizadas pelas bactérias intestinais em enterolignanas e enterolactona.

A enterolactona é absorvida e estudos revelam que, quanto maiores são as concentrações plasmáticas, menor é o risco de desenvolvimento de câncer e, em indivíduos já portadores da doença, menor é a mortalidade. Para que a enterolactona seja bem absorvida, uma flora intestinal saudável é fundamental.

Porém, o uso de tabaco e o consumo de álcool reduzem assustadoramente essa possibilidade, chegando a quase zero a capacidade de o organismo absorver as lignanas, além de aumentarem o risco de câncer em virtude de suas substâncias tóxicas.

Semente de linhaça x farinha de linhaça x óleo de linhaça: as sementes podem ser adicionadas a sucos, vitaminas, iogurte. Bater bem e ingerir tão logo desligar o liquidificador. Esta forma de preparo permite subtrair das sementes as suas propriedades, sem que haja perdas nutricionais.

As sementes trituradas são utilizadas no preparo de bolos e biscoitos, pois seus pequenos pedaços deixam esses alimentos mais crocantes. Elas também são usadas como acompanhamento aos cereais matinais, apesar das perdas nutricionais concernentes, pois, como sabemos, depois de 3 minutos de trituração inicia-se um processo de oxidação.

Com relação às sementes inteiras, mesmo que se tente mastigá-las bem antes de engolir, jamais se conseguirá triturá-las de forma uniforme. Assim, termina-se ingerindo as sementes inteiras, e, como no estômago não existe um modo de triturá-las, dessa forma, não se obtêm os seus benefícios.

Farinha de linhaça: trata-se das sementes moídas até virar farinha. Como vimos anteriormente, depois de 3 minutos de trituração inicia-se o processo de oxidação. Essa forma é muito utilizada por quem faz dietas, podendo também ser consumida misturada a bebidas como sucos e vitaminas.

É inegável que esse tipo de farinha contém baixo índice de nutrientes e, ainda outro agravante, dificilmente se sabe a procedência dessas sementes. Elas, inclusive, podem ser trituradas depois de ter o prazo de validade ultrapassado.

Óleo de linhaça: é encontrado envasado em vidro ou cápsulas, sendo uma alternativa para aqueles que preferem uma solução rápida e prática. Basta ingeri-lo diariamente para obter os mesmos benefícios.

Uma colher (sopa) das sementes de linhaça contém 50 calorias.

Ômega 3 de origem vegetal x de origem animal: o ácido graxo ômega 3 é extremamente necessário para a saúde do coração, do cérebro, da visão, contra as alergias, processos inflamatórios, para usuários de tabaco (fumo). Seus bons níveis garantem diminuição de triglicérides e do colesterol ruim (LDL), além de contribuir eficazmente para o aumento dos níveis do bom colesterol (HDL), e isso se faz necessário em toda e qualquer fase da vida.

O ácido graxo ômega 3 se apresenta sob duas formas distintas: no mundo vegetal e no mundo animal.

Acontece que essas duas espécies de ômega 3 atuam de formas diferentes no nosso organismo, e é por isso que a medicina natural recomenda consumir ambas as espécies pelo menos 2 vezes durante a semana, pois dessa forma não há erro.

O ômega 3 engloba quatro tipos de ácidos graxos essenciais que o organismo humano não produz, são eles:

- ALA-ácido alfa-linolênico.
- DHA-ácido decosahexaenoico.
- EPA-ácido eicosapentaenoico.
- ALA-ácido alfa-linolênico.

Esse tipo de ômega 3 é essencial de cadeia curta e de origem vegetal; aqui o ômega 3 não vem pronto.

É através da ingestão desses alimentos que o ALA é convertido em DHA ou em EPA – essa conversão se dá através de enzimas específicas.

Exemplos de alimentos que contêm o ALA: sementes de linhaça, de chia, de abóbora, nozes, couve, espinafre, gergelim etc.

Esses alimentos de origem vegetal, para se transformarem efetivamente em ômega 3, no nosso organismo, precisam passar por um processo para se converter em EPA ou DHA, o problema é que essa transformação nem sempre acontece com sucesso, e pode até nem acontecer, pois trata-se de um processo lento e complicado, que envolve outras questões, como alimentação – o que você comeu antes ou o que vai comer depois, o metabolismo e, por vezes, até o emocional.

O DHA-ácido decosahexaenoico e EPA-ácido eicosapentaenoico são essenciais de cadeia longa, e esses ácidos graxos poli-insaturados são encontrados naturalmente em fontes marinhas, como, por exemplo, sardinha, atum, cavala, salmão selvagem, arenque, anchova etc.

Aqui o ômega 3 propriamente dito já vem pronto, o organismo não precisa trabalhar para proceder alguma transformação.

A seguir algumas conclusões de estudos realizados nos EUA sobre o ômega 3:

- Presume-se que aproximadamente 70% da população mundial tem deficiências de ômega 3.
- Mesmo que se alimente de vegetais que contêm ômega 3, mas tenha o hábito de comer hambúrguer (aqui não se inclui os caseiros), salsichas, batatas fritas, refrigerantes, frituras, açúcar, farinhas refinadas ou seus similares, com certeza, você possui maior propensão a deficiências de ômega 3.

Como sabemos, os humanos são seres que possuem suas individualidades, nós somos iguais somente aparentemente, portanto, diante do metabolismo, da taxa de absorção e da genética, torna-se impossível responder, com base somente na dieta, essas duas questões que se seguem:

- Primeira: qual o tipo de ômega 3 adequado para cada pessoa, de origem animal ou vegetal?
- Segunda: qual é o seu nível ideal de ômega 3?

Outras descobertas:

- Com relação às gorduras vegetais, é certo que existem pessoas que apresentam maior ou menor facilidade em converter as gorduras vegetais ricas em ALA para DHA ou em EPA, que são as gorduras de cadeia longa que o nosso organismo e, notadamente, o cérebro e todo o sistema hormonal necessitam. Diante dessa incógnita, aconselha-se que as pessoas façam complementação através de suplementos ou com alimentação de origem animal, para se garantirem.

- Para você saber efetivamente qual é a sua necessidade de ômega 3, seria preciso fazer testes de avaliação.

Portanto, quando se ouve falar em benefícios de ômega 3, muitas pessoas saem por aí em busca de suplementos ou comendo, por exemplo, qualquer semente de linhaça ou de chia que veem pela frente. A verdade é que as pessoas não assimilam ômega 3 da mesma forma, pois é absorvido de acordo com cada metabolismo, e o metabolismo não é regido por regras.

Enfim, o certo é ingerir sempre alimentos que contenham ômega 3 de origem vegetal e animal, e, se houver necessidade, complementar com o suplemento.

Mas como saber se o ômega 3 que pretendo adquirir é de confiança? Seguem duas dicas, entre outras existentes:

1. Todo ômega 3 de boa qualidade terá sempre em sua composição a vitamina E. É que essa vitamina, nesse caso, servirá como um antioxidante, isto é, estará protegendo o ômega 3, evitando a sua respectiva oxidação.

2. Avalie a proporção de EPA e ácido araquidônico (ômega 6). O certo é que exista sempre uma relação de 20% de EPA para 1% de ácido araquidônico (ômega 6). Esta informação deve constar na embalagem do produto.

Indicações terapêuticas

Síndrome do olho seco

Em forma de óleo, é excelente no tratamento dessa síndrome. Nesse caso, ingerir de uma a duas colheres (café) durante o dia.

Inflamações da mucosa do estômago e dos intestinos

Deve-se ingeri-las depois de terem sido deixadas de molho (em torno de 8 horas).

O chá das sementes de linhaça contêm vitamina F, que têm efeito curativo sobre a mucosa dos intestinos. Para tanto, utilizar três colheres (sopa) de sementes para meio litro de água. Colocar sementes na água fervente, deixar por aproximadamente 7 minutos e coar, ou despejar a água fervente sobre as sementes, deixando-as de molho por toda a noite.

Diminuir a preferência por alimentos industrializados, como sanduíches, batatas fritas, pastéis, frituras etc., e combater alergias.

Alergias e inflamações

Aconselho introduzir o iogurte natural com semente de linhaça em sua dieta diária, pois, ao fazê-lo, poderá observar que sua ingestão frequente alterará suas preferências pelos alimentos, fazendo com que paulatinamente se abandonem os produtos industrializados, açucarados, desprovidos de fibras, como pães comuns, pastéis, batatas fritas, sanduíches comerciais, refrigerantes, entre outros.

Os alimentos industrializados e empobrecidos fomentam a reprodução da flora intestinal maligna, que, entre outras desvantagens, produz a histamina, substância que em excesso gera as incômodas alergias. Isso pode ser observado em qualquer bula de medicamento para combater alergias: os remédios utilizados sempre possuem um agente anti-histamínico.

E que tal prescindir desses remédios, com sua dose diária de iogurte natural, e sabe por quê? É que as bactérias do iogurte natural eliminam esses sintomas, e bloqueiam a formação dessas substâncias. Além desses benefícios, o iogurte natural alimenta e não engorda.

Bater no liquidificador um copo de iogurte natural com uma colher (sopa) de sementes de linhaça marrom e ingerir imediatamente. Pode-se consumir de um a dois copos durante o dia. Esse tipo de preparação torna-se ainda mais eficaz com a presença da semente de linhaça marrom, que, por natureza, combate alergias e inflamações.

Distúrbio de hiperatividade e deficiência de atenção

Crianças que consomem o óleo apresentam melhoras significativas em seus sintomas. Pode-se ingerir de duas a três colheres (café) durante o dia.

Semente de linhaça marrom. Sua eficiência deve-se ao fato de equilibrar os níveis de estrogênio e progesterona, que se alteram nesse caso.

Em sucos, iogurte natural ou vitaminas (desde que não contenham açúcar) adicionar meia colher (sopa) de sementes de linhaça. Bater bem no liquidificador e ingerir imediatamente, sempre no período da manhã. Alimentar-se 10 a 15 minutos depois.

Seguem três opções de chá, escolha a que melhor lhe convier.

Opção 1: juntar 500 ml de água e uma colher (sopa) da casca de quixaba rasurada e deixar ferver por 3 minutos. Retirar do fogo e deixar amornar, coar e guardar em recipiente de vidro. Ingerir duas xícaras (chá) durante o dia. Não se deve adoçar em hipótese alguma. Pode-se manter sob refrigeração.

Observação: o chá de quixaba não deve ser ingerido por diabéticos.

Opção 2: deixar ferver, por 5 minutos, meio litro de água e uma colher (sopa) de uxi amarelo. Beber durante o período da manhã (das 4 às 12 horas), por 30 dias. Não adoçar.

Opção 3: deixar ferver, por 5 minutos, meio litro de água e uma colher (sopa) de unha de gato. Beber esse chá durante o período da tarde, por 30 dias. Não adoçar.

Argila verde: preparar a argila com água em temperatura ambiente. Aplicar a pasta do umbigo até a virilha. Deixar agir por 60 a 90 minutos. Fazer aplicações diárias ou em dias alternados, por 30 a 45 dias.

Evitar e controlar o consumo de carboidratos e alimentos ricos em estrogênio.

Câncer de pulmão

Meia xícara (chá) de queijo *cottage* (pobre em gordura e orgânico), uma colher (sopa) de óleo de linhaça (virgem, puro, cru, prensado a frio, não processado). Bater os dois ingredientes no liquidificador, acrescentar um pouco de água para poder processar. Tomar diariamente, em jejum.

Argila verde: preparar a pasta com água levemente aquecida e aplicar uma camada grossa nas costas. Deixar agir por 60 minutos, período em que se deve permanecer deitado e em repouso. Pode-se fazer de uma a duas aplicações por dia.

LOURO

(Laurus nobilis)

Vastamente utilizada na culinária, como, por exemplo, na preparação de sopas, carnes, feijões, essas folhas também beneficiam nossa saúde por possuírem propriedades antirreumáticas, anti-inflamatórias, além de serem estimulantes, digestivas, diuréticas e expectorantes.

Contém fibras e carboidratos.

Sais minerais: potássio, magnésio, cálcio, ferro, fósforo,

Vitaminas: B6-piridoxina, B9-ácido fólico, C-ácido ascórbico.

O louro é digestivo, age contra inflamações do fígado, auxilia os rins no desempenho de suas funções, é expectorante, combate gripe, resfriado, bronquite, auxilia o sistema respiratório, as infecções do ouvido, harmoniza o ciclo menstrual e alivia as cólicas. Age contra estresse, ansiedade, alivia as tensões, faz bem ao coração, ajuda na produção de insulina. Seus fitonutrientes e compostos químicos atuam prevenindo o câncer de mama e a leucemia. Outro benefício, nesse sentido, está no fato de blindar as células cancerígenas evitando seu desenvolvimento e propagação.

É contraindicado para grávidas ou mulheres que estejam amamentando.

Indicações terapêuticas

Indigestão

Ferver uma xícara de água e despejar sobre duas a três folhas de louro, tampar o recipiente e deixar por 15 minutos. Beber o chá antes das refeições. Pode-se ingerir até três xícaras durante o dia.

Ansiedade, estresse e tensão

A substância linalol contida em suas folhas é eficaz contra ansiedade, estresse e estados de tensão, além de melhorar o convívio social. Para preparar, pegar duas folhas de louro secas e colocá-las em um prato ou recipiente similar. Tocar fogo nas folhas e sair do ambiente por alguns minutos, deixando-o fechado, isso permitirá que o aroma tome conta do espaço. Voltar minutos depois e, se for preciso, soprar as folhas, e respirar profundamente.

Quando se queimam folhas de louro, o composto linalol espalha-se pelo ar, e 10 minutos depois de inalado ele começa a agir, proporcionando os resultados terapêuticos mencionados.

O consumo ou uso do louro em excesso pode causar sonolência.

MANDIOCA/ MACAXEIRA/ AIPIM

(Manihot esculenta crantz)

Ela é nativa da América do Sul, e existem mais 1.200 variedades. É produzida por mais de cem países e alimenta mais de 720 milhões de pessoas em todo o mundo.

É produzida em todos os estados brasileiros, e o Brasil é o segundo maior produtor do mundo, contribuindo com 10% da produção mundial.

Algumas variedades possuem uma elevada concentração de ácido cianídrico (venenoso), que são as chamadas mandiocas bravas. A maioria das variedades possui quantidades insignificantes desse veneno, nesse caso, são as mandiocas mansas.

As mandiocas bravas também podem ser consumidas, desde que sejam cozidas ou assadas, pois o calor destrói rapidamente o ácido cianídrico nelas contido. No caso de dúvida, evitar o consumo humano ou do gado.

A mandioca é um alimento energético que substitui o pãozinho ou mesmo o arroz (apesar de possuir menos nutrientes) e o macarrão.

Sais minerais: cálcio, ferro, fósforo, magnésio.

Vitaminas: A-retinol, B1-tiamina, B2-riboflavina, B3-niacina, B5-ácido pantotênico, C-ácido ascórbico.

Observação: os tubérculos e a farinha de mandioca possuem dez vezes menos nutrientes e muito mais calorias que as folhas secas ao sol. Estas representam um dos alimentos mais perfeitos e completos ofertados pela natureza. Podem ser consumidas por qualquer pessoa e em qualquer idade, sob a forma cozida, refogada. Além disso, suas folhas expostas ao sol e depois transformadas em farinha mantêm todo o seu valor nutricional.

Em 100 g de folhas secas ao sol há 90 calorias e 8 g de proteínas.

Sais minerais: 310 mg de cálcio, 120 mg de fósforo, 10 mg de ferro, além de magnésio, manganês, potássio e zinco.

Vitaminas: 1.980 mg de provitamina A (quase o dobro da cenoura), 0,8 mg de vitamina B1-tiamina (mais que qualquer outro vegetal), 311 mg de vitamina C (o limão, neste caso, tem 60 mg), além de vitamina B2-riboflavina, B9-ácido fólico.

Suas proteínas estão ligadas à formação das células do corpo e por constituir as enzimas.

Aminoácidos principais: lisina e metionina, que aceleram o processo de recuperação de feridas na pele, alimentam e mantêm a boa memória, melhoram a saúde dos ossos e do sistema metabólico. São também antioxidantes.

É excelente para crianças e adultos desnutridos, age na recuperação do apetite, previne enfermidades de origem respiratória, cegueira noturna, vista fraca. Fortalece a pele, é ótima na prevenção de problemas como acne e manchas, e promove bronzeamento natural da pele. Previne danos causados pelos raios ultravioletas do sol. Aumenta a resistência orgânica. Suas folhas contêm isoflavona, que ajuda no combate aos sintomas da menopausa. Não contém glúten.

Como preparar as folhas de mandioca para o consumo: lavar bem as folhas e deixar de molho em solução de água sanitária por 30 minutos. Enxaguar novamente em água corrente. Deixá-las desgarradas para secar por sete dias, o que irá desidratá-las. Triturar no liquidificador ou da forma que lhe convier. Armazenar em vidro devidamente higienizado e bem seco. Pode-se consumir uma colher (sopa) diariamente; sobre os alimentos ou adicionar a sucos ou vitaminas.

Tem validade de 90 dias.

Observações

- A folha de mandioca fresca contém ácido cianídrico, esse ácido é prejudicial à saúde. Com o processo de secagem ou desidratação das folhas, o ácido é eliminado.
- Priorizar sempre folhas de mandioca orgânica.
- Nunca beber o chá das folhas de mandioca, pois é tóxico.

A tapioca é um amido extraído da raiz de mandioca, e essa massa que a compõe não contém glúten. Nas regiões Nordeste e Norte do Brasil, a tapioca faz parte do café da manhã e do lanche de muitas pessoas, justamente em substituição ao pão, ou seja, ao trigo. Mas quem poderia imaginar que a goma de mandioca, junto com alguns tipos de recheios que tanta gente consome, faria tanto sucesso no mundo da alimentação saudável, como acontece atualmente.

A tapioca ajuda no ganho de peso de uma forma saudável, aumenta a circulação, aumenta a produção de células vermelhas do sangue, protege contra a má-formação do feto, melhora a digestão, reduz o colesterol, previne o diabetes, melhora as atividades metabólicas, protege a densidade óssea, protege a saúde do coração e mantém o equilíbrio de líquidos no interior do corpo. Agora, quero chamar a sua atenção para um detalhe: o recheio que você coloca na tapioca. Pois bem, dependendo do recheio você pode eliminar todos esses benefícios proporcionados pela massa da mandioca.

Por último, a tapioca agora está sendo utilizada para substituir as cápsulas de medicamentos. É que essas cápsulas convencionais são feitas de gelatina, em geral de origem animal. E a cápsula de mandioca é feita de vegetal, lógico.

Indicações terapêuticas

Micose e fungos

Ferver bem 250 ml de água. Despejar a água fervente sobre três a quatro folhas de mandioca picada. Abafar por 15 minutos. Quando estiver morno, embeber um chumaço de algodão com o chá e aplicar sobre a micose. Fazer três aplicações durante o dia. Quando a micose desaparecer, continuar com as aplicações por mais 5 a 10 dias.

Anemia, desnutrição e convalescença

Fazer uso somente da farinha, ou também ingerir com melado de cana (faça uma pasta).

Deixar as folhas secarem ao sol por 3 dias. Em seguida, com as mãos, fazer uma farinha. Ingerir de uma a duas colheres (sopa) por dia. A farinha pode ser misturada com suco, vitaminas ou semeada na alimentação.

Colesterol alto

Ingerir uma colher (sopa) de farinha de mandioca crua pela manhã (em jejum); mastigar bem.

MAXIXE

(Cucumis anguria)

O maxixe possui altíssima quantidade do mineral zinco (é raro nos vegetais). É indicado para dietas vegetarianas e nos tratamentos de alcoolismo crônico (o álcool destrói o zinco do nosso organismo). Deve ser consumido como legume (cru, em forma de saladas, ou refogado). Pode-se prepará-lo também no sistema de cozimento a vapor.

O maxixe apresenta benefícios para a saúde como fortalecer o sistema imunológico, aumentar a fertilidade, proteger e melhorar a pele. Faz bem ao coração, mantém o colesterol em bons níveis, é um verdadeiro bálsamo para a próstata.

Contém carboidratos, fibras e proteínas.

Sais minerais: zinco, ferro, fósforo, cálcio, magnésio e sódio.

Vitaminas: A-retinol, C-ácido ascórbico, B1-tiamina, B3-niacina, B5-ácido pantotênico,

Em 100 g de maxixe há 6 calorias.

O estramônio, que produz alterações na visão, palpitações e grandes alucinações, pode ser confundido com o maxixe. Uma forma de diferenciá-los é pelo porte: as folhas e flores do estramônio são bem maiores.

Indicações terapêuticas

Hemorroidas

Fazer aplicações no local com o suco do fruto cru.

Colesterol alto e prostatite

Beber o suco por 1 ou 2 vezes durante o dia.

Obesidade

Seu suco causa saciedade, reduz a fome.

Diabetes, glicemia alta

Seu consumo em forma de salada é benéfico para portadores de diabetes tipo 1 e 2.

MILHO

(Zea mays)

O milho é uma grande fonte de energia por conter alto teor de carboidratos. Cada grão possui cerca de 20% de fibras, 60% de amido, 10% de proteínas e 4% de óleo.

O milho contém antioxidantes, os carotenoides essenciais luteína e zeaxantina, outro carotenoide chamado betacriptoxantina, também os aminoácidos leucina, triptofano, lisina, metionina, arginina, e, ainda, os ácidos málico, palmítico, tartárico, entre outros.

Luteína e zeaxantina são essenciais para termos uma visão saudável. Elas protegem os olhos. A falta dessas substâncias implica o surgimento da degeneração macular e inúmeros problemas que afetam a nossa visão, daí a importância de se introduzir, diariamente, alimentos ricos em tais substâncias, uma vez que nosso organismo não as produz. Elas são obtidas, somente, por intermédio de alimentos. E o milho é uma poderosa fonte desses dois carotenoides, sendo, inclusive, uma das únicas fontes na qual os dois são encontrados juntos.

Betacriptoxantina é um carotenoide que age como preventivo do câncer de pulmão.

Sais minerais: zinco, cobre, manganês, cálcio, magnésio, fósforo.

Vitaminas: B1-tiamina, B5-ácido pantotênico, B9-ácido fólico, B12-cobalamina, C-ácido ascórbico, E-tocoferol.

A indústria farmacêutica usa o milho para fabricar a penicilina e similares, bem como a dextrose (um tipo de açúcar que não fermenta nos intestinos, indicado para os bebês e portadores de úlceras e câncer).

Os estigmas (cabelos) possuem propriedades diuréticas e desinfetantes das vias urinárias. São indicados também para o tratamento de reumatismo, gota e psoríase. Quem sofre de problemas na próstata (inflamações etc.) não deve usar o chá de cabelo de milho.

O milho pode ser consumido por pessoas que possuam o aparelho digestivo delicado, por ser de fácil digestão.

Em 100 g há 91 calorias.

Várias entidades em todo o mundo, nos últimos vinte anos, vêm estudando inúmeros alimentos, cujo objetivo é saber se o seu valor nutricional tem sofrido alterações nutricionais com o passar dos anos. A surpresa é geral e estarrecedora, pois nota-se que vários alimentos a cada ano apresentam decréscimos nutricionais, quando comparados com os mesmos de 20, 30, ou mais anos para trás, e, entre eles, podemos citar o trigo, arroz, milho etc.

A partir do ano 2000, houve inúmeros e acentuados avanços tecnológicos na área da genética, manejo e controle sanitário. Entretanto, o mesmo avanço não ocorreu no que concerne à nutrição, ou seja, nem mesmo esses valores nutricionais foram mantidos.

Podemos citar como um exemplo alarmante a carne de frango que hoje consumimos: perceba que, pelos anos de 1998 a 2000, o milho estava presente em mais de 60% da dieta dos frangos e poedeiras e que, doravante, apresenta decréscimo na sua porção proteica, com marcante redução na concentração de seus aminoácidos. O frango de hoje já não come mais milho como outrora, alie-se a isso também o decréscimo de nutrientes encontrados no milho de hoje. Isso faz com que a carne de frango que ingerimos hoje seja, em termos nutricionais, infinitamente inferior à de anos atrás, e assim também é o valor dos seus respectivos ovos. A verdade é que muitos alimentos já não apresentam os mesmos valores nutricionais e propriedades medicinais como aqueles cultivados ou criados há anos.

Tudo isso é perfeitamente perceptível, ao vermos o grande número de pessoas com doenças que eram raras muitos anos atrás. A verdade é que os alimentos de hoje já não são mais como os de antigamente.

Perceba também que a cada ano a população aumenta, e diminui, por exemplo, o consumo de feijão, de arroz integral. Além do mais, na mesma proporção do aumento da população eleva-se o número de diabéticos, de pessoas com problemas cardíacos, com problemas digestivos, com dificuldades no aprendizado e memorização, além de sofrerem com irritação e mau humor.

Sopa energética de milho: cozinhar no vapor os grãos de três espigas de milho verde e uma xícara de batata crua (cortada em cubinho). Adicionar sal e, após o cozimento, semear salsa picada.

Indicações terapêuticas

Ácido úrico

Ferver uma xícara (chá) de cabelo de milho em um litro de água, por 2 minutos, deixar amornar e coar. Beber ao longo do dia. Também combate cálculos renais e permite diminuir a dosagem de remédios usados por cardíacos.

Pedras nos rins

Ingerir uma colher (sopa) de azeite extravirgem pela manhã, em total jejum.

Cabelo de milho, cavalinha e quebra-pedra: juntar uma colher (chá) de cada e despejar uma xícara de água fervente. Abafar por 15 minutos. Beber uma xícara (chá) 2 a 3 vezes durante o dia, sem adoçar.

O chá deve ser bebido por no máximo 15 dias, pois o uso excessivo pode causar desmineralização. Se houver necessidade de continuar a tomar o chá, faça-o depois de 10 dias, e assim sucessivamente.

MOSTARDA

(Brassica juncea)

Existem dois tipos de mostarda: a branca (*Brassica alba*) e a preta (*Brassica nigra*).

Suas folhas contêm fibras, antioxidantes, desintoxicantes, flavonoides, indóis, sulforafano, carotenoides luteína e zeaxantina.

Suas folhas possuem ação desintoxicante porque são ricas em glucosinolato, um composto que protege o fígado e melhora o seu desempenho, ativando enzimas que metabolizam as substâncias tóxicas.

A mostarda contém clorofila, que contribui para eliminar toxinas ambientais da corrente sanguínea, neutralizando os metais pesados, produtos químicos e pesticidas que estão no corpo.

Indóis: principalmente di-indol-metano e sulforafano, que protegem contra câncer de próstata, mama, cólon e ovário, pois inibem o crescimento de células tumorais.

Sais minerais: cálcio, ferro, fósforo, magnésio, manganês, selênio.

Vitaminas: A-retinol, B1-tiamina, B2-riboflavina, B3-niacina, B5-ácido pantotênico, C-ácido ascórbico, E-tocoferol, K-naftoquinonas.

As folhas e sementes possuem praticamente os mesmos benefícios. Melhoram a digestão, aumentam a produção de saliva, previnem diversos tipos de câncer, incluindo de estômago e cólon, regulam a tireoide (pelo alto teor de selênio), têm ação anti-inflamatória e, assim, aliviam dores articulares e musculares, melhoram a imunidade, ajudando na prevenção de gripes e resfriados e, ainda, protegem a visão. Contêm luteína e zeaxantina, mucilagens que aceleram o trânsito intestinal.

Pode ser consumida crua, bem picadinha, em saladas, em sopas ou cozidas (no vapor é melhor).

Em 100 g há 30 calorias.

Indicações terapêuticas

Pneumonia

Deixar secar ao sol sementes de mostarda, por 2 a 3 dias, ou até que elas sequem. Em seguida, moer ou triturar, misturar com argila verde, adicionar água levemente aquecida e preparar a pasta. Aplicar nas costas e dos lados, deixar agir por 60 a 90 minutos. Pode-se fazer de duas a três aplicações durante o dia, sempre em espaços regulares.

Procure também comer três unidades de banana por dia, preferencialmente cozidas no sistema a vapor. Se quiser, pode-se colocar mel e polvilhar canela em pó (diabéticos não devem utilizar mel).

Dermatite de contato

O consumo de sementes de mostarda é eficaz no combate à dermatite de contato. Pode-se consumir uma colher (sopa) de sementes trituradas diariamente. Espalhá-las sobre sopas ou alimentos também é boa opção.

Psoríase

Transformar sementes em pó, misturar com argila verde, na proporção de uma medida de argila para metade da mostarda em pó. Lentamente, ir adicionando água em temperatura ambiente e mexendo, até ficar uma mistura uniforme.

Aplicar a pasta sobre o local afetado. Deixar agir por 60 minutos. Pode-se fazer de duas a três aplicações diariamente, sempre em espaços regulares.

Fibromialgia

Preparar um chá, sob a forma de decocção, utilizando uma colher de chá de erva-doce, canela em pau (quebrar) e sementes de mostarda. Deixar ferver por 3 a 5 minutos. Podem-se tomar duas xícaras durante o dia, sem adoçar.

Suco de laranja e couve: fazer um copo de suco de laranja, adicionar duas folhas de couve com os talos. Bater bem no liquidificador, coar e ingerir sem adoçar. Pode-se tomar de um a dois copos durante o dia (manhã e tarde).

Suco de cereja: ingerir de dois a três copos desse suco puro durante o dia, sempre longe das refeições, uma hora antes ou duas horas depois. Não se deve adoçar.

NABO

(Brassica rapa)

O nabo é um tubérculo alcalino e poderoso antiácido que ajuda a vencer os efeitos dos alimentos ácidos que comemos. É refrescante e tem um leve e suave gosto amargo.

Quanto ao seu consumo, é utilizado em forma de saladas, pode ser cozido em sopas, ou para preparar purês, o que lhe dá um sabor bem mais suave. Outra forma bastante utilizada, são as conservas.

Suas folhas possuem maior concentração de seus nutrientes, são comestíveis e melhor aproveitadas para esse tipo de utilização quando jovens, além disso, possuem sabor semelhante às folhas da mostarda. Podem ser cozidas levemente no sistema a vapor (é melhor), ou usadas cruas, sendo nesse caso um pouco indigestas.

Sais minerais: cálcio, cobre, ferro, fósforo, magnésio, manganês, potássio, zinco, sódio.

Vitaminas: A-retinol, B1-tiamina, B2-riboflavina, B3-niacina, B6-piridoxina, B9-ácido fólico, C-ácido ascórbico, E-tocoferol, K-naftoquinonas.

Em 100 g de nabo cru e fresco há 29 calorias.

O nabo é diurético e rico em fibras que estimulam e regularizam a ação dos intestinos. Age como tônico geral, repõe sais minerais, é expectorante, ótimo para os problemas das vias respiratórias, como asma e bronquite.

O nabo tem ação anticancerígena, assim como todas as plantas da família das crucíferas (família de plantas cujas flores têm pétalas dispostas em cruz) como agrião, brócolis, couve, couve-flor, mostarda, rabanete, repolho, mentruz e rúcula.

Em sua composição, possui glucosinolatos, que são compostos responsáveis pelo seu amargor. Quando o nabo chega ao estômago, os glucosinolatos são decompostos, originando isotiocianatos e indóis, moléculas com atividades anticancerígenas que são eficientes em prevenir e conter o desenvolvimento de tumores da bexiga, do cólon, do estômago, do fígado, das mamas e do pulmão.

Embora em quantidade menor que o brócolis, o nabo também possui isotiocianatos, que têm ação contra o câncer de esôfago, pâncreas, próstata e o melanoma (tumor cutâneo).

Ele diminui as taxas de colesterol do sangue, possuindo propriedades semelhantes às dos vegetais anticolesterol: abóbora, alcachofra, berinjela, alho, cebola, salsão/aipo, milho.

É indicado também contra gota, reumatismo, e melhora o sistema cardiovascular.

Observações

- O consumo excessivo de nabo pode provocar flatulências.
- Pessoas com hipotireoidismo devem ter muito cuidado com o consumo de nabo. É que os glucosinolatos originam o goitrin (ou goitrina), um composto que inibe a produção do hormônio tireoidiano.

Indicações terapêuticas

Frieiras (pé-de-atleta), ardores

Cozinhar e aplicar sob a forma de cataplasma sobre os locais afetados.

Tumores da próstata

Ferver um litro de água por 3 ou 5 minutos e despejar essa água sobre uma xícara (chá) das folhas picadas de nabo, abafar até amornar e coar. Tomar três xícaras (chá) ao dia, por uma semana, durante o mês (não adoçar).

Hemorroidas e problemas ginecológicos

Fazer um chá igual ao da receita anterior, deixar esfriar ou amornar, fazer lavagens íntimas e banhos de assento. Tomar duas xícaras (chá) por dia, durante uma semana.

Tomar de um a dois copos de suco, por 30 dias, pela manhã, em jejum. Não adoçar, não comer carnes durante esse período. O suco pode ser feito com as seguintes plantas: nabo, agrião, cenoura, chicória (usar todos em partes iguais); se quiser, pode-se centrifugar.

Cefaleia

Colocar duas a três gotas do suco do nabo nas narinas; a dor cessa imediatamente.

Obesidade, cálculos biliares e para eliminar tecido flácido

Tomar um copo de suco de nabo redondo, cru, por dia, durante 15 dias. Este suco também tonifica e estimula o metabolismo.

AVC

Ralar o nabo e espalhar sobre o arroz integral. Comer todos os dias. Com o decorrer do tempo, os resultados serão impressionantes.

Bronquite, tosse, asma, sinusite, eliminação de muco (catarro)

Lavar bem uma unidade de nabo. Depois cortar em fatias com mais ou menos 1 cm de espessura, sem retirar a casca. Distribuir as fatias em uma travessa de vidro, cobrindo com uma camada da rapadura ralada. Se necessário, intercale camadas de nabo e açúcar. Feito isso, cobrir o recipiente com um pano e deixar descansar por 12 horas. Depois desse tempo, irá formar um líquido no fundo da travessa. Mexer um pouco e então coar o xarope. Guardar em um vidro (bem higienizado) e manter sob refrigeração. Tomar uma colher (sopa), 3 vezes durante o dia, em espaços de 6 a 7 horas.

Inflamações intestinais crônicas

Usar a raiz do nabo em forma de caldo ou sopa, bebendo-se duas xícaras (chá) ao dia.

Cálculos biliares

Usar o suco de nabo branco.

NIRÁ

(Allium tuberosum)

É uma planta de origem asiática, muito popular entre os japoneses, que a utilizam como especiaria para realçar o sabor dos alimentos.

É cicatrizante, carminativa (combate gases intestinais), desintoxicante, antigripal, antirreumática, revitalizante e fortificante.

Contém fibras, antioxidantes.

Sais minerais: ferro, zinco, fósforo e cálcio.

Vitaminas: A-retinol, C-ácido ascórbico.

Seu consumo regular auxilia no controle da pressão alta. Age como cicatrizante de úlceras gástricas e contra a labirintite. Fortalece o sistema imunológico e melhora a circulação sanguínea.

OLIVEIRA

(Olea europaea L.)

É da oliveira que se dispõe a azeitona. A oliva proporciona inúmeros benefícios para a saúde humana, e dela obtemos o azeite, conhecido mundialmente na culinária, em cosméticos etc. O azeite beneficia o coração, o cérebro, a visão, os portadores de diabetes. É um hidratante natural para todo o corpo, um poderoso aliado para a saúde dos ossos e protege contra a osteoporose, entre outros benefícios.

Vamos falar sobre as folhas secas de oliveira, que tantos benefícios propiciam para a saúde humana e que ainda são pouco conhecidas. Em forma de chá ou extrato (tintura), podem ser utilizadas para várias finalidades terapêuticas. Vejamos o que elas contêm:

- Resveratrol: um antioxidante encontrado também em jabuticaba, maçã (vinagre natural da maçã), uvas roxas/pretas, e que serve de defesa contra bactérias, fungos e parasitas. É um potente antioxidante que protege literalmente o coração. Previne e trata problemas cardiovasculares e casos de AVC. Ajuda na prevenção de doenças degenerativas como Alzheimer e Parkinson.

Age contra o surgimento de rugas e o envelhecimento precoce (exemplo: aplicar na pele o vinagre natural de maçã, pois é rico em resveratrol). Age contra as radiações e os efeitos de tratamentos quimioterápicos. Proporciona energia. Por intermédio do resveratrol a sua vida pode ser efetivamente prolongada.

- Hidroxitirosol: um potente antioxidante que tem a capacidade de varrer do corpo os radicais livres (moléculas que provocam danos às células, oxidam o colesterol e contribuem para o surgimento de placas nos vasos sanguíneos e artérias), sendo dez vezes mais potente que o chá verde e quatrocentas vezes mais que a vitamina C.
- Tirosol: também um antioxidante, porém, com menos capacidade que o hidroxitirosol.
- Selênio: as folhas de oliveira são ricas em selênio, que combate os radicais livres.
- Oleuropeína: o tecido ósseo é dinâmico e, quando destruído, pode ser reconstruído, desde que lhe sejam fornecidos os nutrientes necessários. O fitoquímico oleuropeína, que é encontrado nas folhas secas de oliveira, no azeite extravirgem de oliva, com teor de acidez abaixo de 0,5%, e em azeitonas, aumenta a quantidade de osteoblastos, isto é, de células que promovem a reconstrução óssea.

As folhas da oliveira possuem quatro vezes mais potássio, magnésio, manganês, fósforo, selênio, zinco e cobre em comparação com o chá verde. Estas substâncias são altamente antioxidantes, sendo eficientes contra o envelhecimento e ainda estimulantes do metabolismo, servindo para rapidamente eliminar gorduras.

O chá das folhas de oliveira retira o açúcar do sangue e age contra gorduras acumuladas na região abdominal. É diurético, ajuda na eliminação do excesso de peso. Atua contra inflamações, fortalece o sistema imunológico, estimula o sistema circulatório, proporciona relaxamento das artérias, diminui a pressão arterial, protege o coração e colabora para a normalização dos batimentos cardíacos. Age contra o colesterol alto, protege e limpa o fígado, o que evita esteatose (gordura no fígado), retarda o envelhecimento. Através da substância oleuropeína, é possível estimular, aumentar a atividade e o número das células ósseas (osteoblastos), dessa forma, pode-se prevenir a perda de massa óssea.

Modo de preparo e consumo: ferver água e despejar sobre uma xícara com uma colher (chá) da planta seca. Abafar por 15 minutos. Pode-se ingerir de uma a quatro xícaras (chá) por dia, sem adoçar.

É contraindicado para crianças, grávidas e lactantes. Por ser diurético, não é aconselhável para quem tem incontinência urinária.

Indicações terapêuticas

Inflamações no cérebro, para limpar os neurônios, preservar a memória e as funções cognitivas

Consumir uma colher (sopa) de azeite extravirgem de oliva, com teor de acidez abaixo de 0,5%, diariamente. Depois de seis meses promove o aumento da autofagia, processo pelo qual as células nervosas fazem a limpeza de toxinas ou de proteínas que não funcionam como deveriam. A verdade é que essas toxinas e proteínas que não funcionam podem depositar-se sobre os neurônios, formando placas que prejudicam o seu funcionamento.

Um exemplo: o acúmulo de uma proteína chamada TAU no cérebro, associada à doença de Alzheimer.

ORÉGANO

(Origanum vulgare)

Existem mais de vinte espécies de orégano em todo o mundo.

O orégano é um poderoso antioxidante, diurético, bactericida, expectorante, anestésico, antiviral, anti-inflamatório e antisséptico.

Em sua composição possui polifenóis, óleos essenciais, fibras.

Sais minerais: magnésio, cálcio, zinco, ferro, potássio, manganês, cobre.

Vitaminas: A-retinol, C-ácido ascórbico, K-naftoquinonas, B1-tiamina, B6-piridoxina.

O orégano evita ganho de peso, harmoniza o ciclo menstrual, controla a pressão arterial e os batimentos cardíacos. O óleo de orégano é eficiente para eliminar as bactérias E.coli e salmonela.

Indicações terapêuticas

Falta de ar

Em um litro de água fervente, adicionar uma colher (sopa) de orégano, mexer bem e fazer inalações.

Cólicas menstruais

O orégano diminui as dores causadas pelas cólicas menstruais, e seu consumo diário também contribui para regular o ciclo menstrual e até mesmo prevenir a menopausa precoce. Para melhorar as cólicas, deve-se mastigar algumas folhas frescas de orégano ao longo do dia.

Se não tiver orégano fresco, utilizar em forma de chá: juntar uma colher (chá) de orégano a uma xícara de água e levar ao fogo, desligando assim que levantar fervura; abafar por 3 minutos e tomar antes de esfriar. Tomar o chá de 3 a 4 vezes por dia, sempre morno e sem açúcar ou adoçante.

Outra boa opção é o chá das folhas de hortelã, que deve ser tomado durante o período que estiver com as cólicas menstruais.

Gripes e resfriados

Uma grande qualidade do orégano é o poder de combater gripes e resfriados, através do fortalecimento rápido do sistema imunológico, reforçado com a ajuda das vitaminas B1 e B6. Dessa forma, ele torna-se eficaz na prevenção e no combate às infecções virais.

Aos primeiros sinais de gripe ou resfriado, misturar de três a seis gotas de óleo de orégano com um pouco de água e tomar antes das refeições. Proceder assim por uma semana.

PALMITO

O palmito de tipo juçara normalmente é encontrado na Mata Atlântica, mas, atualmente, ele já está sendo plantado, e novas culturas surgem, o que irá satisfazer aqueles que apreciam o palmito.

Quando consumimos o palmito juçara (esse tipo em conserva é o mais comercializado), estamos comendo a parte que fica no topo da palmeira, ou seja, o centro da sua divisão celular. Pois bem, o corte desse topo impede o crescimento da palmeira, o que acarreta em sua morte. A botânica explica esse fato: a juçara não perfilia, ou seja, não gera novos ramos a partir da parte que foi mutilada.

Já a pupunha se perfilia, isto é, a parte que foi cortada gera novos galhos e a palmeira continua a brotar.

Benefícios:

- Fortalece o sistema imunológico.
- Ótimo para quem faz dietas, pois possui baixo valor calórico: em 100 g há 28 calorias.
- Ajuda na melhoria da qualidade do sono, por ser rico em vitamina B6-piridoxina.

- O palmito contribui para a melhoria da fertilidade feminina, esse é um benefício que provém da presença da vitamina B9-ácido fólico.
- Exerce controle da pressão arterial e ajusta a frequência dos batimentos cardíacos, o que se deve à boa presença do mineral potássio.

Observação: muito cuidado ao consumir palmito em conserva, devido ao alto teor de sódio.

PEPINO

(Cucumis sativus)

O pepino é um vegetal maravilhoso. É rico em água. Poderoso diurético natural, evita a retenção de líquidos, minimiza o inchaço abdominal, é digestivo, ótimo no combate aos problemas da pele, descongestiona a área dos olhos. Sua sílica fortalece a estrutura óssea. Combate processos inflamatórios devido ao ácido cafeíco (um composto orgânico anti-inflamatório armazenado na pele).

O pepino produz saliva e remove bactérias bucais. É um alimento indispensável para diabéticos.

Sais minerais: potássio, silício, enxofre, ferro, fósforo, cálcio, magnésio, cloro e sódio.

Vitaminas: A-retinol, C-ácido ascórbico, B1-tiamina, B2-riboflavina, B5-niacina.

Para eliminar a acidez do pepino, corte as duas extremidades e, com o auxílio de papel toalha, enxugue-as.

Devemos ingeri-lo sempre cru, assim aproveitamos melhor todo o seu valor nutricional e as propriedades medicinais.

Pode ser cortado em fatias e consumido em saladas e sanduíches. Dele também se faz um delicioso suco natural, combinado com outros ingredientes.

Sunomono de pepino é o nome dado a uma forma japonesa de preparar alimentos sob a forma de conserva, utilizando principalmente o vinagre de arroz. Como exemplo, vou citar a forma de preparar salada de pepino fugindo do sistema convencional. Essa salada é encontrada principalmente em restaurantes de comida japonesa ou chinesa, e o segredo está no molho que mistura vinagre e açúcar, resultando em um delicioso sabor agridoce, e o toque final do gergelim completa o charme da salada.

O que vai precisar:

- três pepinos do tipo japonês.
- uma xícara (chá) de vinagre de arroz.
- uma xícara (chá) de açúcar orgânico claro.
- uma colher (sobremesa rasa) de sal marinho ou do Himalaia.
- sementes de gergelim preto.

Modo de preparo: lavar bem os pepinos. Cortar as duas pontas do pepino e desprezá-las. Enxugar as duas extremidades do pepino com o auxílio de papel toalha (isso elimina a sua acidez) e fatiar bem fino. Juntar as fatias do pepino com o sal e ir lentamente misturando bem. Transportar as fatias para uma peneira ou escorredor de macarrão e deixar em descanso por 30 minutos, esse processo servirá para desidratá-lo.

Depois dos 30 minutos, lavar bem em água corrente, para retirar completamente o sal. Feito isso, recolocar as fatias do pepino em um escorredor e deixar por mais 15 ou 20 minutos, para escorrer completamente a água. Se quiser, lentamente vá virando as fatias para ajudar a escorrer a água. Em uma panela, colocar o açúcar e, em seguida, adicionar o vinagre. Levar ao fogo baixo até ferver e transformar-se em uma calda. Retirar do fogo e deixar esfriar. Colocar o pepino fatiado em um recipiente de vidro totalmente higienizado. Adicionar o líquido frio sobre os pepinos fatiados. Fechar o recipiente, levar à geladeira e deixar por 12 horas. Antes de servir, semear o gergelim preto.

Indicações terapêuticas

Olheiras

Fazer suco de pepino. Em um recipiente de vidro, colocar argila verde, na quantidade para cobrir os olhos (geralmente uma colher e meia de sopa), ir adicionando o suco de pepino lentamente e mexer até que fique uma pasta uniforme (semelhante a um mingau). Fechar bem os olhos e aplicar a pasta argilosa sobre os dois olhos, cobrindo inclusive a parte com as olheiras. Deixar agir por 45 a 60 minutos.

Remover a argila com água em temperatura ambiente. Em seguida, lavar os olhos externamente com um chá de camomila (em temperatura ambiente). Fazer quantas aplicações for conveniente. Assim, está decretado o fim das olheiras.

Bater no liquidificador sete a oito fatias de pepino (sem a casca) com meio copo de água. Coar e ingerir no período da manhã. Alimentar-se 15 minutos depois.

PIMENTÃO

(Capsicum annuum)

Dentre suas variedades, que são manifestadas em geral pela sua cor, exemplo: verde, vermelho, amarelo, roxo etc., o pimentão é ardido quando está verde e um pouco adocicado quando está maduro. O pimentão maduro tem pouca capsaicina, que é um ingrediente básico das pimentas.

Possui substâncias vasoconstritoras, que são ótimas para o sistema circulatório. É cicatrizante, antioxidante, diminui o colesterol alto, combate a arteriosclerose, é excelente para a pele, unhas, fortalece os cabelos, previne hemorroidas, fortalece o sistema imunológico. É um analgésico natural e age contra a ansiedade.

Sais minerais: cálcio, magnésio, potássio, manganês, ferro, fósforo e sódio.

Vitaminas: A-retinol, B1-tiamina, B2-riboflavina, B5-ácido pantotênico, B-9-ácido fólico, C-ácido ascórbico.

Em 100 g de pimentão amarelo há 340 mg de vitamina C, no verde 193 mg e 181 mg no pimentão vermelho.

Contém ácidos fenólicos (taninos) anticancerígenos, com atividade antioxidante e que inibem enzimas dos tumores e a formação de nitrosamina, uma substância cancerígena.

O pimentão é muito utilizado na homeopatia para tratamentos de reumatismo, nevralgia, faringite, otite e hemorroidas.

O seu consumo em excesso pode provocar hipertensão e taquicardia.

Quem tem problemas digestivos deve remover a sua pele, até mesmo em saladas, antes de ingeri-lo.

Cozinhar o pimentão por cerca de 3 minutos no sistema a vapor, com certeza, é a melhor forma de prepará-lo, pois, assim, seu valor nutricional e propriedades não são reduzidos.

Se for cozinhá-lo com outros alimentos, coloque-o 3 minutos antes de desligar o fogo, pois isso evitará a perda dos nutrientes.

Quando preparamos arroz, podemos colocar o pimentão tão logo o arroz saia do fogo. Se consumirmos pimentão cozido, ele tem todo o seu valor nutricional e suas propriedades medicinais bastante reduzidos.

Indicações terapêuticas

Bronzear a pele

Centrifugar uma xícara (café) de pimentão vermelho picado, quatro cenouras e duas xícaras (café) de salsa, com os talos picados. Tomar um copo pela manhã, 7 dias antes de ir à praia. Fazer uso do suco também pelos 10 dias seguintes.

Reumatismo e má circulação

Ferver por 10 minutos, em meio litro de água, a polpa de dois pimentões picados, sem o miolo, e em seguida coar. Massagear pernas, braços e etc. com o chá morno, para ativar a circulação de retorno.

Cefaleia e dores de cabeça

Aplicar tiras de pimentão sem pele, sem sementes e sem o miolo, sobre as têmporas e a nuca e enfaixar, ou cobrir com argila medicinal verde.

Manchas de pele

Com a cenoura se faz um excelente suco para eliminar as manchas. Bater no liquidificador, coar e ingerir durante o dia. Pode-se utilizar um pouco a mais de cenoura que o pimentão.

QUIABO

(Abelmoschus esculentus)

Sais minerais: ferro, fósforo, cálcio, magnésio e cobre.

Vitaminas: A-retinol, B1-tiamina, B2-riboflavina, B6-piridoxina, C-ácido ascórbico.

Para evitar que sua goma (baba) viscosa (pouco apreciada) se desprenda durante o cozimento, pingar algumas gotas de limão ou vinagre quando o quiabo estiver cozinhando.

De baixo valor calórico, é recomendado contra infecções dos intestinos, da bexiga e dos rins. É de fácil digestão. Uma boa maneira de prepará-lo é no cozimento a vapor, quando seus nutrientes são preservados, por não receberem caloria em excesso. Quando cozido no sistema convencional, as vitaminas A, B e C perdem-se totalmente.

Em 100 g de quiabo há 35 calorias.

Indicações terapêuticas

Cicatrizar feridas

Esmagar duas colheres (sopa) de folhas frescas e picadas e aplicar com gaze no local afetado.

QUINOA

(Chenopodium quinua Willd)

A quinoa refere-se à semente da planta *chenopodium*. Países como Peru, Equador e Bolívia são os grandes produtores sul-americanos. Ela está disponível no mercado sob forma de grãos, farinha e flocos. Existem mais de mil e quinhentas variedades, com alternâncias na sua tonalidade.

Dentre os grãos, ela é a mais completa, contendo todos os aminoácidos essenciais necessários para o funcionamento do nosso corpo, como, por exemplo, lisina, metionina, histidina, isoleucina, leucina, cistina, triptofano e fenilalanina. Além de apresentar a mais elevada concentração de proteínas (algumas variedades chegam a ter mais de 20%) e carboidratos.

Sais minerais: ferro, fósforo, potássio, zinco, magnésio, cálcio, manganês, cobre.

Vitaminas: B1-tiamina, B2-riboflavina, B3-niacina, B6-piridoxina, B9-ácido fólico, C-ácido ascórbico, E-tocoferol.

É rica em fibras e lipídios. Possui propriedades antioxidantes, quercetina, flavonoides e kaempferol, que apresentam ação anti-inflamatória, antiviral, antidepressiva e anticancerígena.

Ótima para os diabéticos, por apresentar baixo índice glicêmico, e também para hipertensos.

Não contém glúten.

Em 100 g há 335 calorias.

Aconselha-se consumir de uma a duas colheres (sopa) por dia de quinoa.

RABANETE

(Raphanus raphanistrum sativus)

O rabanete já era utilizado por gregos e romanos, que o consumiam com vinagre e mel. Existe relatos sobre o seu uso na culinária e na medicina em compêndios chineses datados desde 2700 a.C.

É o alimento do planeta mais rico em um mineral chamado vanádio. O consumo rotineiro de rabanete aumenta a disposição das pessoas e previne infecções.

Em sua composição contém isotiocianatos, que estimulam a produção de enzimas que nos protegem do câncer, e antocianinas, que protegem o sistema cardiovascular.

Fortalece e melhora o sistema respiratório, inclusive favorece a eliminação do muco (catarro).

Suas fibras alimentares são eficazes para o bom funcionamento do sistema digestório.

Seus antioxidantes beneficiam o sistema imunológico, impedindo a ação dos radicais livres no organismo.

Contém proteínas, além de ser um hidratante natural.

Sais minerais: vanádio, fósforo, magnésio, cálcio, zinco, ferro.

O vanádio é mineral raro em alimentos. Ele diminui e controla altos níveis de colesterol e triglicérides. Age de forma semelhante à insulina, sendo eficaz no controle dos níveis de açúcar no sangue, o que evita os respectivos picos.

Isso faz do rabanete um alimento muito importante para a saúde do diabético, além de contribuir para o crescimento de crianças.

Vitaminas: A-retinol, B1-tiamina, B2-riboflavina, B3-niacina, B6-piridoxina, C-ácido ascórbico.

É expectorante natural, estimulante da digestão, calmante, diurético, cicatrizante, dissolve cálculos biliares. É purificador do sangue, dos rins e da bexiga.

É indicado para quem sofre de reumatismo, gota, artrite, bronquite, catarro (crônico), resfriados, inflamações internas, problemas urinários, febres e erupções cutâneas.

Como diurético aumenta a produção de urina, elimina inflamações e a sensação de queimação ao urinar.

Limpa as trompas, os rins e previne infecções urinárias e nos rins.

Comer cru, mastigando bem, limpa os dentes e desenvolve os músculos mastigadores. Não se esqueça de antes higienizá-los.

Suas folhas são mais ricas em cálcio e vitaminas A e C do que a raiz.

As variedades americanas possuem casca vermelha, e as japonesas, casca branca.

Em 100 g de rabanete há 20 calorias.

Rabanete em conserva

O que vai precisar:

- Um maço de rabanetes.
- Uma colher (chá) de sal (evite refinado).
- Uma folha de louro.
- Dois copos de vinagre.
- Pimenta-do-reino.

Modo de preparo: lavar bem os rabanetes. Cortar em fatias finas ou em cubinhos. Mas, se preferir, pode deixá-los inteiros. Colocar em um recipiente de vidro com a boca larga (não se esqueça de higienizar o recipiente). Ferver o vinagre com o sal, a pimenta-do-reino e a folha de louro. Despejar o conteúdo da fervura sobre os rabanetes contidos no vidro. Cobrir e, quando esfriar, manter tampado.

A propósito, você sabe o significado do sal?

- Primeiro: é ele que salga e dá sabor. Representa aplicar sabedoria naquilo que se faz.
- Segundo: evita a putrefação. Representa preservar a nossa essência, proteger os princípios.

REPOLHO

(Brassica oleracea)

O repolho é um alimento muito poderoso, composto por inúmeros sais minerais, vitaminas e outras substâncias, o que faz dele um alimento indispensável na nossa dieta.

Os tipos de repolhos – verde e o roxo – possuem valor nutricional e propriedades medicinais muito semelhantes, o que mais se diferencia é o tipo roxo, por conter mais hormônios que o verde.

Essa diferenciação em hormônios nos ensina que pessoas com hipotireoidismo devem privilegiar o tipo roxo, enquanto as que têm hipertireoidismo devem privilegiar o tipo verde.

Se você não tem qualquer um dos problemas citados, pode comer aquele que melhor lhe convier.

Sais minerais: zinco, ferro, fósforo, cálcio, cobre, magnésio, manganês, potássio, selênio, enxofre e sódio.

Vitaminas: A-retinol, B1-tiamina, B2-riboflavina, B3-niacina, B5-ácido pantotênico, B6-piridoxina, B-9-ácido fólico, B12-cobalamina, C-ácido ascórbico, E-tocoferol, K-naftoquinonas, e vitamina U.

Vitamina U: muito pouco se sabe sobre a ação dessa vitamina, porém, ela já vem sendo muito utilizada para prevenir e curar úlceras e gastrites. Outro benefício comprovado é que ela reduz a atividade da histamina, substância que mantém processos alérgicos.

As enzimas presentes no repolho estimulam a flora intestinal, prevenindo o câncer de intestino, e são tão benéficas quanto os *lactobacilos*.

O repolho tem um efeito curioso: ele precipita os gases que estão nas mucosas do aparelho digestivo, função exercida pelos remédios. Na verdade, combate gases, arrotos, apesar de poder aumentá-los nas horas seguintes em que for ingerido.

Não deve ser consumido todo dia, mas de um a três dias por semana. Para efeitos curativos, o ideal é ingeri-lo cru, bem picado, em forma de salada; pode ser temperado com vinagre natural de maçã, ou limão ou azeite.

Quando o repolho é ingerido em excesso, e principalmente quando cozido, favorece a formação de gases intestinais. A melhor maneira de prepará-lo é sempre no sistema de cozimento a vapor, deixando a panela destampada por cerca de 5 a 8 minutos, tempo suficiente para ele ficar pronto.

Outro fator muito importante: estudos realizados nos EUA revelaram que bactérias do câncer não se alimentam de dejetos do repolho, assim como da maioria dos vegetais.

O repolho contém uma substância que diminui ou regula a absorção do iodo pela tireoide (excesso), que bloqueia o desenvolvimento de vasos sanguíneos (angiogênese), vital para o desenvolvimento de tumores. Também possui indóis (substância que nos protege do câncer), esteróis (que no organismo transformam-se em vitamina D e estimulam a diferenciação celular), monoterpenos (combatem o câncer) e ácidos fenólicos (taninos, combatem o câncer com atividades antioxidantes).

O repolho roxo estimula a produção de hormônios e tem propriedades que queimam gorduras.

O repolho branco/verde é depurativo do sangue, estimula a digestão, combate tuberculose, cansaço físico (é melhor quando temperado com vinagre natural de maçã, neste caso).

Qualquer tipo de repolho combina bem com cebola, cenoura, pepino e pimentão.

Em 100 g de repolho cru há 22 calorias.

Indicações terapêuticas

Anemia, problemas respiratórios, saúde bucal, úlceras duodenais e gástricas

O suco do repolho verde possui alto teor de oxigênio e minerais. Purifica e desintoxica o organismo, aumenta a resistência da mucosa do estômago e do duodeno. Eficaz contra a ação do excesso de ácidos no suco gástrico.

Centrifugar e ingerir um copo diariamente pela manhã. Preparar o suco e utilizá-lo imediatamente. Inutilizar as sobras.

Esse suco, aplicado no couro cabeludo, estimula o crescimento dos cabelos. Pode-se fazer de uma a duas aplicações durante o dia.

Cefaleia e enxaqueca

Aplicar folhas cruas nas áreas afetadas. Pode-se também misturar argila verde com repolho picado ou com suco.

Alcoolismo

Tomar um copo de suco puro de repolho, 2 vezes durante o dia. Pode-se passar o repolho na centrífuga.

Erisipela

Aplicar cataplasma de argila verde com o suco ou o repolho picado sobre a região afetada. Deixar agir por cerca de 1h30. Pode-se fazer essa aplicação mais de uma vez ao dia.

Queimaduras

Aplicar folhas cruas no local.

Furúnculos

São dissolvidos quando aplicamos sobre eles argila verde, misturada com o suco do repolho ou o repolho picado, sob a forma de cataplasma. Deixar agir por cerca de 1h30. Essa aplicação pode ser feita mais de uma vez ao dia.

Abscessos purulentos, gota, reumatismo e hemorroidas externas

Cozinhar as folhas no sistema a vapor, aplicar no local, sob a forma de cataplasma, 2 vezes por dia.

Bactéria Helicobacter Pylori

O repolho consumido cru é um coadjuvante muito poderoso para combater e eliminar essa bactéria. Consumi-lo bem picado e em forma de salada. Pode-se temperar com vinagre natural de maçã ou limão. Antes de ingerir, deve ser bem mastigado, até que se transforme em uma massa.

Úlceras pépticas ou gástricas e úlceras do duodeno

Beber um copo de suco de repolho fresco – se quiser pode centrifugar – por 3 vezes durante o dia, em espaços regulares, por 10 dias consecutivos. Durante esse período, fazer uma aplicação diária de argila verde na barriga, preparada com água em temperatura ambiente. Deixar agir por 60 minutos. As aplicações devem ser feitas longe das refeições.

Abster-se de café, açúcar, leite de origem animal, farinhas refinadas, frituras e alimentos condimentados.

Aumentar níveis do hormônio testosterona

Aumentar os níveis desse hormônio de forma natural através de alguns alimentos específicos é possível, como também é muito mais saudável do que recorrer a outros métodos. Os alimentos para essa finalidade devem conter em sua composição zinco e um fitonutriente chamado indol-3-carbinol.

- Mineral zinco: é fundamental para que inúmeras reações químicas ocorram no organismo. Ele está presente em mais de trezentas enzimas e intervém no funcionamento de certos hormônios. A falta desse mineral no homem acarreta em impotência sexual, atrofia testicular e atraso na maturação sexual.
- Indol-3-carbinol: é um fitonutriente encontrado em alimentos como brócolis, repolho, couve, alho, amêndoas, banana, ovo cozido, abacate, romã e mel, entre outros. Esse fitonutriente tem como uma de suas funções a manutenção do equilíbrio entre estrogênio e testosterona no homem.

Acontece que alimentos como repolho, brócolis, couve e alho, quando cozidos por mais de 8 minutos, perdem totalmente o fitonutriente indol-3-carbinol.

Outra verdade é que o fitonutriente indol-3-carbinol é dispersado quando o alimento é cozido com água, portanto, a melhor forma de fazer o cozimento é no sistema de cozimento a vapor, em que não se adiciona água. Dessa forma, é possível garantir um ótimo aporte do fitonutriente indol-3-carbinol.

Convém também ressaltar que no homem os níveis de reserva de gordura tendem a aumentar com o avançar da idade, enquanto a massa muscular diminui. Isso faz com que a testosterona se converta em estrogênio, dessa forma, fica-se com menos testosterona. E o que pode bloquear essa ação do estrogênio é simplesmente a prática de constantes caminhadas.

Para finalizar, mais uma informação sobre o indol-3-carbinol. Esse fitonutriente tem uma forte ação anticarcinogênica, notadamente contra o câncer de mama, de ovário e da próstata, e isso se deve ao fato de ele inibir a ação da conhecida 16-alfahidroxiestrona, que é um tipo de estrogênio que causa danos no DNA e inibe a apoptose, ou seja, dificulta ou evita a morte celular programada das células cancerígenas, uma vez que, quando as células cancerígenas se proliferam, podem ocorrer estados de metástases.

RÚCULA

(Eruca sativa)

Com um sabor intenso e que, ao se comer, logo se faz notar sua intensidade picante, a rúcula é, naturalmente, energética e estimulante e tem um valor imensurável, mas, infelizmente, é esquecida por muitos.

Comparada com a alface, a rúcula contém oito vezes mais cálcio, cinco vezes mais vitamina A-retinol, vitamina C-ácido ascórbico, e vitamina K-naftoquinonas, e quatro vezes mais ferro que a mesma quantidade de alface.

Contém antioxidantes que agem contra os radicais livres, sulforafano, além de flavonoides, cuja perfeita combinação exerce proteção contra o câncer de pele, do pulmão e bucal, fornecendo sustentação ao sistema imunológico.

A rúcula é uma excelente fonte de carotenoides, que agem eficazmente na prevenção da degeneração macular, e, juntamente com a vitamina C, impedem o surgimento da catarata.

Sais minerais: cálcio, ferro, magnésio, manganês e potássio.

Os minerais cálcio e magnésio a credenciam como uma forte aliada da saúde dos ossos.

Vitaminas: A-retinol, C-ácido ascórbico, B6-piridoxina, B9-ácido fólico, K-naftoquinonas.

É ótima para a saúde dos olhos, fortalece o sistema imunológico, melhora a digestão. Comer rúcula em forma de salada, 15 minutos antes das refeições, estimula a produção da bile e melhora a digestão. É aconselhada para diabéticos, e desintoxicante do organismo.

Salada energética

Você vai precisar de rúcula, gergelim preto e mel.

A rúcula melhora a circulação sanguínea, dá energia. O gergelim preto evita ressecamento vaginal, melhora qualidade do esperma e do leite materno. O mel é energético, melhora a qualidade do sono.

SALSA/ SALSINHA

(Petroselinum crispum)

A salsa ou salsinha é utilizada na culinária e também na medicina natural por conter uma série de nutrientes e propriedades medicinais. Ela chega a medir 60 cm de altura, suas folhas e raízes possuem óleos essenciais, principalmente o apiol, além de fibras, proteínas, clorofila, gorduras poli-insaturadas e monoinsaturadas.

Sais minerais: cálcio, magnésio, potássio, enxofre, cobre, ferro, fósforo, iodo, manganês, boro e zinco.

Vitaminas: A-retinol, C-ácido ascórbico, B1-tiamina, B2-riboflavina, B3-niacina, B6-piridoxina, B9-ácido fólico, B12-cobalamina, E-tocoferol, K-naftoquinonas.

Vitamina A: essa vitamina, com seus sais minerais, proporciona uma combinação perfeita para fortalecer o fígado, sendo indispensável para tratamento de cirrose.

A salsa é ótima para a saúde dos rins e faz bem para quem tem cálculos renais, pois evita a formação de pedras. Elimina a ureia e o sal que se acumulam no corpo pela má alimentação, e alivia os inchaços. Faz bem ao coração, bexiga, e é diurética.

Age normalizando os ciclos menstruais e os processos digestivos. Indicada também para reumatismo, artrite, artrose e gota. É expectorante e depurativa do sangue. Fortalece os olhos, principalmente o nervo ótico, combate a cegueira noturna, catarata, úlcera na córnea (xerolftalmia) ou olho seco, e também a falta de líquido lacrimal, resultante da deficiência da vitamina A.

Para tudo isso que foi mencionado, existe um "remédio" de baixo custo financeiro e fácil de fazer: o chá de salsa.

Modo de preparo: pegar um maço de salsa e lavar bem. Cortar bem picadinho e pôr em uma vasilha com água limpa. Ferver por 10 minutos e deixar esfriar. Coar, colocar em uma jarra com tampa e guardar na geladeira. Beber um copo ou uma xícara por dia, durante 10 dias. O sal e outros venenos acumulados nos rins sairão na urina.

É contraindicado para gestantes e lactantes.

Pode ser usada ao natural, em forma de salada. Aconselha-se que nesse tipo de preparação não se utilize sal. Mastigar algumas folhinhas várias vezes durante a semana. Adicionar umas cinco folhinhas com os talos a sucos como, por exemplo, de laranja, acerola ou cenoura.

Indicações terapêuticas

Harmonizar o sistema endócrino e como estimulante do metabolismo

---

Ingerir o suco.

Falta de apetite

Mastigar algumas folhas de salsa antes das refeições abre o apetite e previne o câncer.

Problemas respiratórios, prevenção de câncer de pulmão, combater efeitos do tabaco

Mastigar as folhas ou ingerir o suco de salsa: em um copo de suco de laranja puro, adicionar oito a dez folhas de salsa, bater no liquidificador e ingerir rapidamente. Pode-se consumir um a três copos durante o dia.

Bronquite

Fazer meio copo de suco de salsa e adoçar com mel. Ingerir imediatamente em total jejum.

Inflamação e edema das pálpebras

Utilizar o extrato de salsa (centrifugar é melhor) ou o suco puro.

Modo de preparo da argila e uso: adicionar o extrato/suco da salsa à argila, ir mexendo aos poucos até formar uma pasta, fechar bem os olhos e aplicar (dar ênfase às pálpebras). Deixar agir por cerca de 45 a 60 minutos, em seguida, remover com água fria. Lavar os olhos externamente com um chá frio de camomila. Pode-se fazer uma a duas aplicações ao dia.

Dor de ouvido

Pingar de uma a duas gotas do extrato de salsa no ouvido afetado. Pode-se pingar mais de uma vez por dia.

Trombose

Tomar meio copo do extrato (centrifugar) ou suco de salsa 1 a 2 vezes ao dia.

Paralelo ao extrato ou suco, fazer duas a três aplicações de argila verde com o suco puro de gengibre. Ela deve ser aplicada em toda a parte afetada. Deixar agir por 2 horas e, se for na perna, deve-se envolvê-la completamente com a argila, inclusive o solado do pé.

Para os demais casos, pode-se ingerir crua em saladas, suco.

Quando cozida, perde praticamente todo o seu valor nutricional.

Cálculos renais (pedras nos rins), hipertensão, cólicas menstruais

Utilizar 30 g de sementes de salsa e um quarto de litro de água, deixar ferver por cerca de 2 minutos. Ingerir duas xícaras (chá) durante o dia.

Hemorragia nasal

Fazer suco das folhas verdes de salsa, embeber um algodão com o suco e introduzi-lo nas narinas. De 5 em 5 minutos trocar o chumaço de algodão. As aplicações devem ser feitas por no máximo 30 minutos. Caso a hemorragia não pare, descansar 15 minutos e retornar com as aplicações.

SALSÃO/ AIPO

(Apium graveolens)

Aqui está um alimento de intermináveis e indispensáveis propriedades benéficas para a saúde humana. Pena que muita gente só se lembra dele e o conhece como ingrediente de um tipo de salada chamada salpicão.

Esse vegetal é estritamente alcalinizante, indispensável para as pessoas que fazem uso de muitos alimentos altamente acidificantes, como café, açúcar (doces, refrigerantes etc.), e tudo que os contém, e aqueles de origem animal (carnes, leite etc.), com uma única exceção, o leite materno, que é o único alimento de origem animal alcalino.

A título de esclarecimento, convém saber que os alimentos de origem vegetal, em sua grande maioria, são alcalinos, embora existam alguns com princípio acidificante. E entenda: isso não é motivo para você deixar de ingerir esses (vegetais) acidificantes, pois, desde que o seu pH sérico seja predominantemente alcalino, é isso que irá repercutir em todo o seu organismo.

Os alimentos com função alcalinizante, e, em especial, o salsão, são capazes de neutralizar o excesso de ácidos existentes no organismo; ele é um antiácido por excelência, portanto, é indicado para quem está com acidose e enfermidades como gota, fibromialgia e artrite.

O salsão é energético, contém fibras, proteínas, gorduras (boas) e carboidratos complexos (bom).

Sais minerais: magnésio, potássio, zinco, cobre, enxofre, cálcio, ferro, sódio.

O magnésio é responsável por mais de 350 processos do metabolismo.

O potássio, encontrado em grande quantidade nesse alimento, regula a pressão arterial e é indicado para cardíacos que fazem tratamento com diuréticos ou por quem utiliza antibióticos sintéticos, como, por exemplo: benzetacil, penicilina, cortisona etc.

Vitaminas: A-retinol, B1-tiamina, B2-riboflavina, B3-niacina, B6-piridoxina, B9-ácido fólico, B12-cobalamina, C-ácido ascórbico, E-tocoferol, K-naftoquinonas.

O salsão/aipo refresca e relaxa o fígado, nutre, fortalece o sangue e tonifica os rins.

Ele possui uma substância chamada apigenina (quando tumores estão em desenvolvimento, a seu redor forma-se uma rede de vasos sanguíneos que têm como objetivo alimentá-los), e essa substância blinda o tumor, dificultando a sua alimentação e impedindo o seu desenvolvimento.

Suas folhas são de altíssimo valor nutritivo, ricas em cálcio e vitamina C, e, ao serem preparadas em forma de salada, suco ou adicionadas a sopas, tonificam o sistema nervoso. São ótimas também no combate à gota e ao reumatismo.

É impressionante o seu poder nutricional e as substâncias anti-inflamatórias que possui. Em uma canja de galinha (preferencialmente caipira) feita com a sua respectiva carcaça, depois de pronta, adicionar folhas e talos de salsão. É ótimo contra problemas respiratórios, sinusite, asma, bronquite, artrite, e enfermidades reumáticas. Fortalece e proporciona energia. Essa canja com o salsão é simplesmente divina.

Este é o único vegetal que, por mais tempo que seja cozido, ainda consegue manter quase 70% de todo o seu valor nutricional e também as suas substâncias medicinais... é inacreditável!

A melhor forma de preparar o salsão/aipo é cozinhá-lo levemente no vapor (3 a 5 minutos) ou em forma de salada ou suco.

Pode ser consumido diariamente.

Em 100 g de salsão há 20 calorias.

Indicações terapêuticas

Hepatite A, B ou C

Suas folhas, preparadas em forma de saladas, suco ou sopas, tonificam o sistema nervoso, e são ótimas no combate à hepatite, gota e ao reumatismo.

SOJA

(Glycine max)

A soja é uma fonte importante de fibras, gorduras, proteínas e não contém lactose.

É um bom alimento para diabéticos do tipo 2 (*mellitus*).

A soja contém uma substância chamada genisteína, que ajuda a fixar o cálcio no organismo humano e que pode inibir o surgimento de células cancerígenas da próstata.

O consumo constante de soja promove redução do colesterol ruim (LDL) e dos triglicérides, mas não eleva o nível do bom colesterol (HDL).

O grão de soja é rico em isoflavonas (fitoestrogênio). Com relação ao climatério e menopausa, alguns estudos apontaram melhoras dos fogachos e outros sintomas, sem modificação do ressecamento vaginal ou das alterações do humor.

Alguns estudos de curta duração apontaram aumento da densidade mineral óssea com o uso de isoflavonas, porém, seu consumo não evidencia redução de fraturas.

Contém bioflavonoides, substâncias que bloqueiam hormônios receptores e estimulantes de células cancerígenas.

Possui esteróis, que regulam a absorção de cálcio e fósforo pelo organismo; são também transformados em vitamina D (a falta dessa vitamina provoca raquitismo, não havendo desenvolvimento de ossos e dentes nas crianças) e estimulam a diferenciação celular.

Leite de soja: é obtido da soja triturada. Utilizam-se duas colheres (sopa) do seu extrato para um copo de água; mexer e tem-se aí um copo de leite. Também se faz iogurte com a soja.

Tofu: também conhecido como queijo de soja, é a pura proteína da soja. Em 50 g há 30 calorias. Não tem colesterol (vegetais não contêm essa gordura), contém 57 mg de cálcio, 6 g de proteínas, 1,8 g de gordura; 47 mg de fósforo. Pode substituir a ricota em receitas. É bem-aceito em saladas, sopas, e transforma-se em petisco, quando salpicado com cebolinha, gengibre e ervas.

Missô: ajuda a eliminar o excesso de gordura e as toxinas acumuladas no fígado.

Shoyu: é um derivado da soja que possui nutrientes como proteínas, ferro, cálcio e vitaminas, em especial algumas do complexo B. Ele é obtido a partir da fermentação dos grãos de soja com trigo ou cevada e sal. Tomar muito cuidado com o seu consumo, devido à quantidade de sódio nele existente.

Sais minerais: cálcio, cobre, potássio, ferro, magnésio e cloro.

Vitaminas: B1-tiamina, B2-piridoxina, B3-niacina e E-tocoferol.

TOMATE

(Solanum lycopersicum)

Considerado vegetal, mas, na verdade, é uma fruta.

Existem mais de mil variedades de tomates, que diferem em tamanho, formato, cor e paladar.

Em virtude da grande quantidade de ácido oxálico existente no fruto, o tomate pode provocar cálculos renais e na vesícula. A ingestão do tomate verde é prejudicial ao coração e pode causar lesões renais (cálculos). Não é aconselhável utilizar tomate com vinagre ou limão, pois seu ácido oxálico, quando misturado com esses alimentos, torna-se tóxico.

O uso das folhas e do fruto verdes deve ser evitado, pois eles possuem toxinas semelhantes às das folhas e aos tubérculos verdes da batata.

Possui esteróis, que são transformados em vitamina D no organismo e estimulam a diferenciação celular.

Contém monoterpenos, que previnem o câncer, são antioxidantes e estimulam a produção de enzimas anticancerígenas.

Possui também ácidos fenólicos (taninos), que são anticancerígenos, têm atividade antioxidante, inibindo as enzimas dos tumores e a formação de nitrosamina, uma substância cancerígena.

A casca do tomate entra nos intestinos e demora de 2 a 3 dias para ser expelida. Ela sai com as fezes, do jeito que entrou.

O tomate purifica o sangue, combate doenças do fígado, desgaste mental, perturbações digestivas e pulmonares.

Quando o suco é servido com salsa, ajuda a dissolver cálculos renais e, na luta contra infecções em geral, exerce efeito antisséptico no corpo, neutralizando resíduos ácidos.

O tomate é uma das maiores fontes naturais de licopeno, que é o pigmento que lhe dá a coloração vermelha.

O licopeno reduz a incidência de câncer de próstata, que atinge três em cada doze homens acima de 50 anos. Tal substância também é encontrada na goiaba vermelha e na melancia. É melhor aproveitada na forma de suco, tanto no tomate quanto nas duas frutas já citadas.

Sais minerais: cálcio, magnésio, manganês, ferro, fósforo, potássio, zinco.

Vitaminas: A-retinol, C-ácido ascórbico, B1-tiamina, B2-riboflavina, B3-niacina, B5-ácido pantotênico, B6-piridoxina, B7-biotina, B9-ácido fólico, B12-cobalamina, E-tocoferol, K-naftoquinonas.

Em 100 g de tomate há 19 calorias.

É contraindicado para pessoas que sofrem de fermentações gástricas e acidez estomacal e para quem sofre com problemas de ácido úrico e gota.

Indicações terapêuticas

Problemas na próstata

Primeira opção é bater no liquidificador ou centrifugar dois a três tomates, sem a pele e sementes, e adicionar água. Coar e ingerir imediatamente, pela manhã e em jejum. Alimentar-se depois de 15 minutos. Caso queira, repetir mais uma vez a ingestão do suco durante o dia.

Segunda opção: cortar o tomate em rodelas, colocar em travessa perfurada, encaixada dentro da travessa lisa do seu aparelho de cozimento a vapor. Deixar cozinhar por cerca de 5 minutos (elimina a sua acidez). Deixar esfriar e remover as sementes e a pele (a pele de tomate não é digerida; ela fica em nosso organismo e é eliminada após 3 dias). Temperar com azeite de oliva e ingerir.

Rugas

Passar tomate sem a pele e as sementes na centrífuga. Preparar argila verde com o extrato do tomate, deixando que fique com a textura igual a um mingau. Aplicar sobre as rugas. Deixar agir por 45 minutos. Podem-se fazer aplicações em dias alternados.

VAGEM

(Phaseolus vulgaris)

A vagem apresenta benefícios bem interessantes para a saúde de quem a consome, melhorando o sistema cardiovascular, deixando os ossos mais fortes, além de ser um excelente antioxidante.

Contém excelente quantidade de fibras, que agem melhorando as funções intestinais. Ótimo alimento para diabéticos e para quem faz regime de emagrecimento.

Sais minerais: cálcio, magnésio, ferro, fósforo,

O cálcio e o fósforo atuam na formação dos ossos e dentes e evitam a fadiga mental.

O ferro está ligado à formação do sangue.

Vitaminas: A-retinol, B1-tiamina, B2-riboflavina, B3-niacina, B9-ácido fólico, C-ácido ascórbico, K-naftoquinonas.

Para prepará-la remova antes as pontas. A melhor forma de cozinhá-la é pelo sistema a vapor, pois, assim, são preservados todo o seu valor nutricional, a sua cor e o seu sabor.

Caso não tenha panela a vapor, pode-se cozinhá-la no sistema convencional, utilizando pouca água.

As vagens podem ser utilizadas em saladas, tortas, sopas e farofas.

Em 100 g há 24 calorias.

PANCs

(PLANTAS ALIMENTÍCIAS NÃO CONVENCIONAIS)

E LEITE DE VEGETAIS

Esse termo foi criado pelo biólogo Valdely Kinupp, referindo-se às plantas comestíveis que surgem de forma espontânea em quintais, terrenos baldios e canteiros, mas que não são consumidas por falta de costume ou conhecimento.

Presume-se que só no Brasil existem cerca de dez mil PANCs. Exemplo dessas plantas: azedinha, beldroega, capuchinha, taioba, vinagreira etc.

A seguir, apresentamos algumas propriedades e benefícios dessas plantas comestíveis.

CARURU

(Amaranthus viridis)

É também conhecida como caruru manso, amaranto, bredo.

Suas folhas e brotos, com sementes verdes, são mais bem aproveitados quando cozidos no vapor ou preparados em forma de salada. O seu sabor assemelha-se ao do espinafre.

O caruru é riquíssimo em proteínas, contém fibras e aminoácidos essenciais (o corpo não os produz, sendo obtidos através da alimentação) como, por exemplo, a lisina, que é indispensável ao metabolismo e beneficia também as cartilagens, protegendo-as e regenerando-as.

As folhas são expectorantes e combatem a tosse e bronquite, as raízes têm ação laxante e as sementes são ricas em magnésio.

Sais minerais: ferro, potássio, cálcio, magnésio.

Vitaminas: A-retinol, B1-tiamina, B2-riboflavina, C-ácido ascórbico.

Pode-se consumi-lo em forma de saladas, refogado, em panquecas etc.

Excelente para mulheres que estejam amamentando, pois aumenta e melhora a qualidade do leite materno.

O consumo de caruru com milho cozido, que é rico em um aminoácido chamado leucina, como faziam os astecas, supre todas as necessidades de proteína do organismo, dispensando a carne e os ovos.

Modo de preparo: cozinhar um maço de caruru. Refogar um dente de alho, uma cebola picada, um pires de cheiro-verde, um tomate picado (sem pele e sem sementes), em duas colheres (sopa) de azeite virgem ou óleo. Acrescentar o caruru, salgar e deixar ferver. Servir com milho cozido (preferencialmente cozido no vapor). É simplesmente fantástico.

Indicação terapêutica

Herpes (qualquer tipo)

A lisina combate tanto a herpes labial quanto a genital. Este aminoácido diminui a frequência do surgimento das feridinhas e acelera a sua respectiva cicatrização.

A suplementação com 1 a 3 g diárias de lisina pode limitar as ocorrências do aparecimento de ferimentos.

Ingerir o aminoácido quando os ferimentos começarem a surgir pode reduzir o tempo que eles levam para se curar.

Introduzir também alimentos ricos em lisina na sua dieta.

Óleo de copaíba (C. Reticulata Dunke): em um recipiente de vidro (exemplo copo), colocar uma gota do óleo para cada dez quilos do seu peso e acrescentar três dedos de água. Ingerir 2 vezes ao dia, por 30 a 45 dias.

DENTE-DE-LEÃO

(Taraxacum officinale)

É também conhecido como taráxaco, alface-de-cão, amor-dos-homens, amargosa.

Em sua composição contém inulina, uma fibra solúvel chamada pectina e proteínas.

É diurético, anti-inflamatório, alcalinizante, anti-hemorrágico.

Como diurético, é utilizado há mais de 2.000 anos pela medicina tradicional chinesa e pela medicina Ayurveda.

O dente-de-leão tem sido largamente usado contra as doenças renais e urinárias para aumentar a eliminação de líquidos. E, ao contrário dos diuréticos encontrados em forma de medicamento, não promove perda abundante de potássio pela urina.

Combate a prisão de ventre, é poderoso estimulante das funções do fígado, rins e do coração, fortifica os nervos. É indicado para estimular a vesícula, ajuda no tratamento das doenças reumáticas e principalmente contra osteoporose.

Sais minerais: potássio, zinco, cálcio, ferro, cobre, magnésio.

Em virtude do grande teor de potássio, é indicado contra câimbras, normalização da frequência cardíaca, produção de energia e síntese de ácidos nucleicos e proteínas.

O zinco tem ação antioxidante, auxilia na digestão de proteínas e na disfunção sexual, principalmente em homens.

O cálcio é bom para a saúde dos ossos e dentes.

O ferro previne a anemia e é aliado do coração.

Para todos esses casos, pode-se ingeri-lo em forma de salada temperada com vinagre natural de maçã ou limão.

Vitaminas: A-retinol, B1-tiamina, B6-pirodoxina, C-ácido ascórbico, D-calciferol, E-tocoferol, K-naftoquinonas.

A vitamina A é de suma importância para a visão, pele e o crescimento.

As vitaminas do complexo B são fundamentais para o sistema neurológico.

A vitamina C é antioxidante e importante para o sistema imunológico.

A vitamina E é antioxidante. Pela sua ação, é capaz de neutralizar os radicais livres, substâncias que figuram como uma das causas de muitas doenças crônicas e degenerativas.

A vitamina K regula a coagulação sanguínea e possui papel importante na saúde óssea.

As folhas do dente-de-leão são consumidas cruas, em forma de salada, ou cozidas ou refogadas. Suas flores e raízes também podem ser ingeridas cruas ou cozidas. As raízes, quando torradas e moídas, podem ser usadas como um substituto do café.

As formas mais utilizadas são: chá, cápsulas ou tintura.

Indicações terapêuticas

Câimbras e osteoporose

Consumir em forma de salada é mais eficaz principalmente quando temperado com vinagre natural de maçã.

Hemorroidas, anemia, afecções hepáticas, biliares, renais e vesicais

Consumir sob a forma de salada, ou uma colher (chá) do suco diluído em igual quantidade de água, 3 vezes ao dia.

Pedras nos rins

Bater no liquidificador ou centrifugar folhas e raízes. Ingerir uma xícara (café) pela manhã e só se alimentar depois de 10 minutos.

Sardas

Aplicar o suco misturado com argila verde sobre as partes afetadas. Deixar agir por 45 a 60 minutos.

Refluxo, vitiligo

Preparar um chá, sob a forma de infusão. Ferver meio litro de água e despejar sobre uma colher (sopa) da planta dente-de-leão. Abafar por 15 minutos. Coar e beber uma xícara (chá) 3 vezes durante o dia. Não adoçar.

MORINGA OLEÍFERA

Desta planta comestível tudo se aproveita.

Suas folhas e vagens são poderosas fontes de nutrientes, que fornecem proteínas, aminoácidos essenciais, vitaminas, sais minerais, e são pobres em gorduras.

Os aminoácidos são indispensáveis para o crescimento, além de protegerem e preservarem as células.

Dos vinte aminoácidos indispensáveis para o corpo humano, ela contém de dez a doze. Contém também os oito aminoácidos essenciais que o corpo não produz e que precisam ser fornecidos diariamente através da alimentação, são eles: fenilalanina, histidina, isoleucina, leucina, lisina, metionina, treonina, triptofano.

Sais minerais: cálcio, magnésio, manganês, ferro, fósforo, potássio, zinco, cobre.

Vitaminas: A-retinol, B1-tiamina, B2-riboflavina, B3-niacina, B6-piridoxina, B7 ou H-biotina, B9-ácido fólico, C-ácido ascórbico, D-calciferol, E-tocoferol e K-naftoquinonas.

A moringa oleífera contém sete vezes mais vitamina C que a laranja, cinco vezes mais cálcio que o leite de vaca (e o corpo assimila esse cálcio totalmente; não é indigesta, não contém lactose nem gorduras impróprias), quatro vezes mais vitamina A que a cenoura, três vezes mais ferro que o espinafre, três vezes mais potássio que a banana.

É antiviral, antibiótica, antifúngica, antidepressiva e anti-inflamatória.

Exerce efeitos inibidores sobre o crescimento de vários agentes patogênicos, inclusive sobre a bactéria Helicobacter Pylori e os coliformes, que podem desencadear diarreia. Tem efeitos antidiabéticos, reduz a glicose no sangue, o açúcar, e proteínas na urina, em diabéticos. Contribui eficazmente para a saúde dos olhos, dos ossos e do coração. Acelera processos de cicatrização, estimula a circulação sanguínea.

Apresenta-se sob a forma de folhas frescas comestíveis, folhas secas das quais se faz o chá, extrato seco, óleo e sementes.

O extrato seco de moringa oleífera é utilizado contra vários tipos de câncer, inclusive do ovário. Ele inibe a proliferação de células cancerígenas e induz a apoptose ou morte celular programada, que consiste em promover a morte de células cancerígenas. Durante o processo de apoptose, essas células sofrem uma série de alterações morfológicas, como a diminuição do seu tamanho e volume e a perda do contato com a matriz extracelular e células vizinhas.

O óleo fortalece os cabelos e promove seu crescimento.

Moringa oleífera x água não potável: quando o pó das sementes é colocado em água não potável, ou seja, em água que possua resíduos e bactérias, ele atrai para si esses resíduos, removendo-os para o fundo do recipiente e deixando a água limpa e potável. Esse benefício deve-se a óleos e proteínas contidas em sua composição.

ORA-PRO-NÓBIS

(Portulaca oleracea)

Sinônimos: bife dos pobres, beldroega, beldroega-pequena, beldroega-verdadeira, beldroega-vermelha, portulaca, salada-de-nego etc.

É uma planta trepadeira que possui folhas mucilaginosas, suculentas e comestíveis. Podem-se comer os talos e as folhas quando não estão murchas, enfim, é um superalimento, inclusive faz parte das oito plantas comestíveis que poderão suprir a fome humana. Já as raízes não devem ser consumidas, pois são amargas e duras.

Ela apresenta ramos repletos de espinhos, cresce rapidamente, e inclusive é muito utilizada como cerca viva intransponível. As folhas têm a forma de uma lança, e suas flores são perfumadas e melíferas.

Sais minerais: cálcio, magnésio, potássio.

Vitaminas: A-retinol, B1-tiamina, B2-riboflavina, B3-niacina, B9-ácido fólico, C-ácido ascórbico.

Suas fibras evitam prisão de ventre, constipação, formação de pólipos, previnem hemorroidas e, também, o surgimento de tumores.

Comer suas folhas cruas é a forma perfeita de usufruir de suas fibras, condição essa que permite o esvaziamento intestinal mais rápido, evitando que toxinas fiquem circulando por mais tempo em nosso organismo, e, ainda, nos livra de inchaços e retenção de líquidos.

Aminoácidos encontrados: triptofano e lisina.

Possui ômega 3, carboidratos, e 25% de sua composição é de proteínas.

É antiescorbútica, depurativa, diurética, vermífuga, tônica, laxante e galactagoga, isto é, aumenta a produção de leite materno.

Indicações terapêuticas

Afecções do fígado, rins e da bexiga, cistite, cálculos biliares, escorbuto, inflamações, prevenção de varizes

Chá por decocção, 50 a 100 g das folhas para um litro de água. Ingerir de quatro a cinco xícaras (chá) ao dia.

Anemia

Comer as folhas frescas ou levemente cozidas no sistema de cozimento a vapor.

Azia, erisipela, inflamações dos olhos, afecções das vias urinárias

Tomar uma colher (sopa) de suco fresco, de hora em hora, e, aos primeiros sinais de melhora, prolongar o espaço entre uma e outra ingestão.

No caso dos olhos, pode-se lavá-los externamente.

Distúrbios menstruais,
afecções das vias urinárias, verminose

Comer as sementes em jejum ou preparadas sob a forma de chá por decocção. Utilizar 50 a 100 g para um litro de água. Esse chá é um dos mais poderosos vermífugos e emenagogos (restaura o fluxo menstrual, quando ausente ou escasso).

SERRALHA

(Sonchus oleraceus)

Contém carboidratos, fibras, flavonoides, proteínas e aminoácidos.

O aminoácido fenilalanina ativa as células promotoras dos pigmentos, o que o torna capacitado a combater o vitiligo, enfermidade que causa perda gradativa da pigmentação da pele e que é caracterizada pelo surgimento de manchas pelo corpo.

Outros alimentos que contêm o aminoácido fenilalanina: cacau, nozes, amêndoas, amendoim torrado, grão-de-bico, feijão.

Sais minerais: cálcio, magnésio, ferro, fósforo, manganês, potássio, zinco, cobre, sódio.

Vitaminas: A-retinol, B2-riboflavina, B6-piridoxina, C-ácido ascórbico, D-calciferol, E-tocoferol.

É desintoxicante do fígado, diurética, anti-inflamatória, antioxidante, cicatrizante, aumenta o apetite.

Pode ser consumida crua, em saladas, refogada ou em chás.

Indicações terapêuticas

Hepatites crônicas, infartos glandulares

Chá por decocção, em dosagem normal. Ele irá atuar como desobstruente nessas afecções e, ainda, como depurativo.

Afecções da vista

Tomar o chá por decocção. Esse chá fortalece ainda o sistema nervoso, o estômago e a vista.

Dores reumáticas

Fazer suco das folhas e talos. Preparar argila verde com esse suco e aplicar a pasta sobre os locais afetados. Deixar agir por 45 a 60 minutos. Pode-se fazer de uma a duas aplicações por dia.

Vitiligo, eczemas

Pegar um pé da planta, lavar bem, removendo todos os resíduos, inclusive das raízes. Colocar a planta por inteiro no liquidificador e adicionar um pouco de água. Bater bem e ingerir o suco pela manhã em total jejum. Alimentar-se 10 a 15 minutos depois. Pode-se beber um copo do suco todos os dias pela manhã até alcançar recuperação total.

Pode-se preparar o suco de serralha, de forma a ficar uma pasta, e aplicar essa pasta sobre os locais afetados, deixando agir por 45 a 60 minutos. Depois remover com água em temperatura ambiente. Pode-se fazer uma aplicação diariamente em qualquer horário.

LEITE DE VEGETAIS

Os leites de vegetais caseiros, desde que feitos de forma correta e obedecendo às condições de higiene, são mais saborosos e saudáveis, pois são de fácil digestão, não contêm gorduras impróprias, conservantes, substâncias químicas nem açúcares. Além disso, são ricos em sais minerais, vitaminas e inúmeras substâncias indispensáveis para a preservação da nossa saúde.

Os leites de vegetais podem ser feitos com castanhas, cereais ou sementes, como, por exemplo: amêndoas, castanha-do-brasil, castanha-de-caju, nozes, coco, sementes de linhaça, sementes de gergelim, aveia, soja etc.

O leite de vaca e seus derivados, que muita gente nasce, cresce e continua consumindo acreditando que ele seja indispensável para manter a saúde, contém lactose (um tipo de açúcar) que não é tolerável por grande parte da população, gorduras que contribuem para o aumento do colesterol, pode causar alergias, contribui para manter processos inflamatórios, sódio, e ainda é indigesto. O consumo desse tipo de leite ou de seus derivados pode provocar gases, cólicas, diarreia e inchaços na barriga. Convém saber que a enzima lactase (produzida pelo corpo humano) tem a finalidade precípua de digerir a lactose. A falta da enzima lactase gera intolerância à lactose, e isso torna o corpo incapaz de digerir e absorver a lactose.

Modo de preparo

Deixar uma xícara (chá) das castanhas ou das sementes escolhidas de molho em água em temperatura ambiente, por 6 horas. Amendoim ou soja, deixar de molho por 12 horas, promovendo a troca de água por 3 vezes em espaços regulares. Aveia, deixar de molho por 8 horas. Descartar a água do molho. Transferir o produto para o liquidificador e adicionar três xícaras de água. Bater bem até que o produto fique completamente triturado. Coar o leite obtido em um pano fino e bem higienizado.

Observações

Validade: 2 a 3 dias.

Depois de pronto, deve ser mantido sob refrigeração, em recipiente de vidro, preferencialmente.

O leite de coco deve ser feito eliminando-se a primeira etapa, que é deixar de molho, e utilizando a polpa de um coco seco.

RASPA DE JUÁ

(Ziziphus joazeiro)

Depois de tantos aprendizados e após comer esses alimentos poderosos, falta algo eficaz para a saúde bucal.

A natureza, pela sua perfeição, nos deu algo que é uma preciosidade: a árvore *Ziziphus joazeiro*, cujo crescimento é muito lento, podendo chegar a medir doze metros de altura. Tem vida longa, inclusive pode chegar a ultrapassar os cem anos.

Eis algumas substâncias que fazem parte da sua composição química: ácido betulínico, ácido oleamólico, amido, anidrido fosfórico, cafeína, celulose, hidratos de carbono, óxido de cálcio, saponinas etc.

É antimicrobiana, anti-inflamatória, bactericida, emoliente, resolutiva.

A raspa de juá é nada mais que a casca da árvore triturada: ela é moída até tornar-se pó. Tem consistência mole e não é abrasiva.

Para a higienização bucal, impregnar as cerdas da escova com esse pó e higienizar os dentes, como se estivesse utilizando pasta de dente convencional. A raspa de juá não contém substâncias químicas e pode ser utilizada de 2 a 3 vezes durante o dia. Depois da higienização bucal, cuspir a substância e lavar a boca. O juá tem um gosto levemente amargo.

Indicações terapêuticas

Higienização bucal, placa bacteriana, gengivite

Deixa os dentes brilhantes naturalmente, fortalece e protege as gengivas, evita manchas provenientes do tabaco.

Podem-se fazer bochechos também.

É também emoliente (amolece os tecidos inflamados, aliviando as dores) e resolutiva (facilita a recuperação de inflamações e tumefações).

Inflamações no couro cabeludo, coceiras, caspa, queda de cabelos

Usar o sabonete de juá.

Língua geográfica (glossite migratória benigna ou eritema migratório)

É caracterizada por alterações que surgem na língua, apresentando manchas lisas avermelhadas, esbranquiçadas nas bordas, levemente elevadas, com forma, tamanho e localização diferentes e que parece um mapa geográfico.

Preparar argila verde com água e aplicar em volta de todo o pescoço, estendendo a pasta argilosa até a altura do queixo.

Deixar agir por 60 minutos. Fazer em torno de sete a dez aplicações consecutivas ou em dias alternados.

Outras sugestões de tratamento

- Óleo de copaíba: age aumentando a imunidade. Em um copo de vidro, colocar uma gota para cada dez quilos do seu peso, adicionar dois a três dedos de água, mexer bem e ingerir 2 a 3 vezes durante o dia, sempre depois das refeições. Pode-se consumir o óleo de copaíba por 30 dias. (Cuidado ao adquirir o óleo de copaíba. Esse produto não deve ser envasado em embalagem plástica, e existem muitos produtos adulterados. Desconfiar também se estiver muito barato.)
- Óleo puro e cru de girassol (não é o óleo comestível): diariamente colocar na boca uma colher (sopa ou sobremesa) desse tipo de óleo e fazer bochechos por 15 a 20 minutos.
- Alimentação: evitar alimentos ácidos até curar-se completamente.

BIBLIOGRAFIA

ABREU Matos, F. J. *Farmácias vivas.* Fortaleza: Universidade Federal do Ceará, 1998.

ACHARAN, Manoel Lezaeta. *Medicina natural ao alcance de todos*. São Paulo: Hemus, 1979.

BALBACH, Alfons. *As hortaliças na medicina doméstica*. 21. ed. São Paulo: Edições A Edificação do Lar, 1984.

BONTEMPO, Márcio. *Saúde total através da alimentação macrobiótica*. 2. ed. São Paulo: Global, 1981.

BRAGG, Patricia; BRAGG, Paul C. *Apple Cider Vinegar: Miracle Health System.* 59. ed. Santa Barbara: Bragg Health Sciences, 2008.

CARIBE, Dr. José; CAMPOS, Dr. José Maria. *Plantas que ajudam o homem.* São Paulo: Cultrix/Pensamento, 1991.

CLARK, Linda. *Os remédios naturais que curam as doenças*. Rio de Janeiro: Tecnoprint, 1980.

GOODHART, R. S.; SHILS, M. E. *Nutrição na saúde e na doença*. Philadelfia, Lea & Febiger, 1980.

HEINDEL, Max. *Princípios ocultos da saúde e cura.* São Paulo: Fraternidade Rosacruz, 1975.

JARVIS, D. C. *Agarre sua saúde e não largue mais*. São Paulo: Best-Seller, 1960.

KUSHI, Michio. *O diagnóstico da medicina oriental*. São Paulo: Aquários, 1978.

PAGE, Michael. *Ch'i energia vital*. São Paulo: Pensamento, 1991.

PFEIFFER, C. C. *Nutrição e saúde mental*. London: Horsons (Harper Collins Publishers), 1991.

PICARD, H. *Utilizacion terapêutica de los oligoelementos*. Málaga: Editorial Sirio, 2000.

SOLEIL, Dr. *Você sabe se alimentar?* São Paulo: Paulus, 1992.

TOMPKINS, Peter; BIRD, Christopher. *A vida secreta das plantas*. 9. ed. Rio de Janeiro: Expressão e Cultura, 1988.

ÍNDICE REMISSIVO

Este índice serve como um guia rápido para auxiliar os leitores, mas não tem a pretensão de ser completo ou exaustivo. Recomenda-se a leitura atenta e integral do livro.

A

D

E

L

M

N

O

P

T

U

V

Para mais informações sobre o autor:

Contatos:

Telefone: (12) 3883-1011
WhatsApp: (12) 98117-3044
Site: www.hiltonfito.com.br
E-mail: respostashiltonfito@yahoo.com

Rua Dona Inácia Uchoa, 62
04110-020 – São Paulo – SP (Brasil)
Tel.: (11) 2125-3500
http://www.paulinas.com.br – editora@paulinas.com.br
Telemarketing e SAC: 0800-7010081